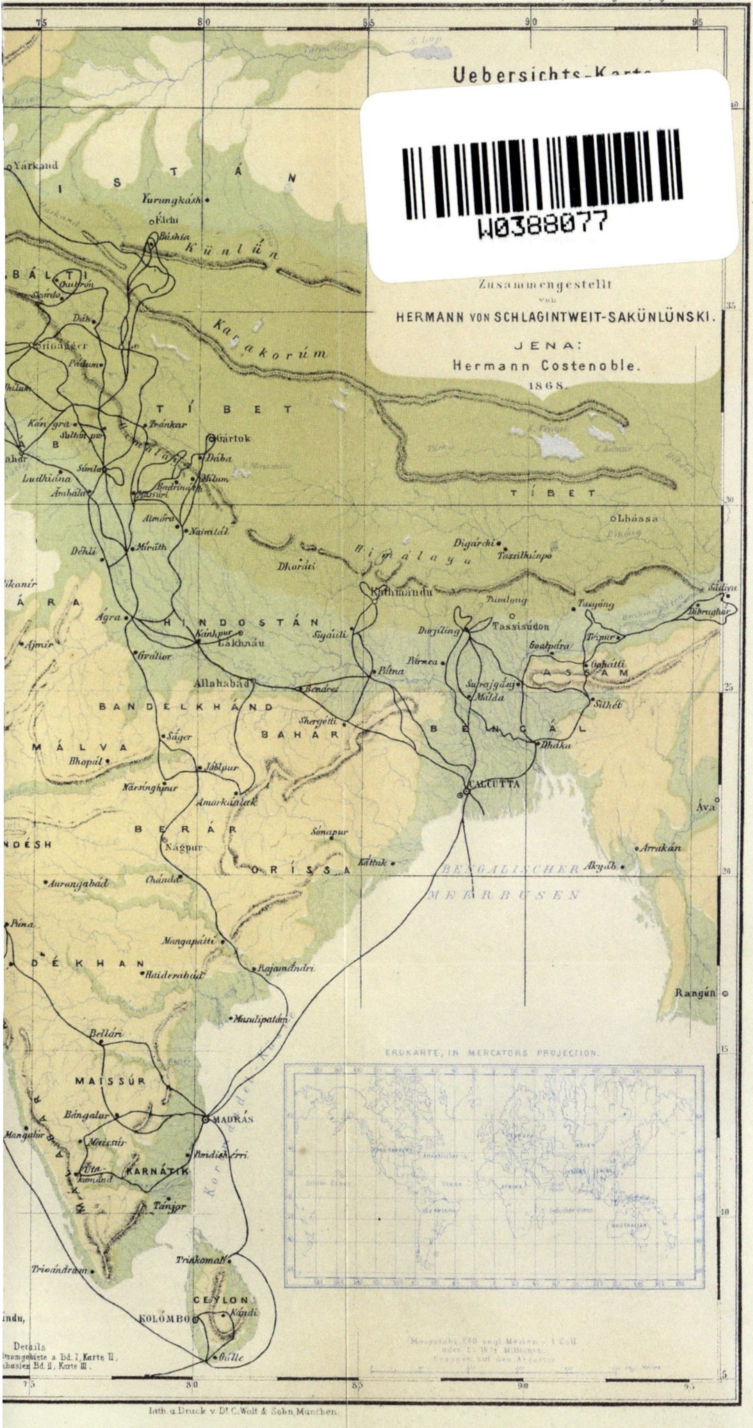

Lith. u. Druck v. Dr. C. Wolf & Sohn München.

Rudi Palla

IN SCHNEE UND EIS

U. d. S. S. R
7495
Pk.Lenin
Pk.Stalin
Kongur
7681
Mustagh
7433 Ata
PAMIR
AMU-DARJA
Tirich Mir
7700
Rakaposhi
7788
HINDUKUSCH
AFGHANISTAN
Kabul
Gilgit
K2
8611
Broad P.
8047
8035
Gasherbrum II
Hidden P.
8068
7821
7634
Sasir Kangri
7672
Skardu
SHAYOK
Nanga Parbat
8125
INDUS
Srinagar
Peshawar
Rawalpindi
Leh
Nun Kun
7135
JHELAM
CHENAB
Kandahar
PAKISTAN
Lahore
Amritsar
6795
Leo Pargylal
RAWI
Simla
7138
SATLEDSCH
INDUS
Wüste Thar
Delhi
GANGES
Karachi
Jaipur
Agra
JAMNA
Lashkar
BANAS
CHAMBAL
Ahmedabad
Indore
Baroda
NARBADA
Surat
TAPTI
Nagpur
Bombay
GODAVARI
N
W
O
S
0 100 200 300 400

Rudi Palla

IN SCHNEE UND EIS

Die Himalaja-Expedition
der Bergsteigerbrüder Schlagintweit

Galiani Berlin

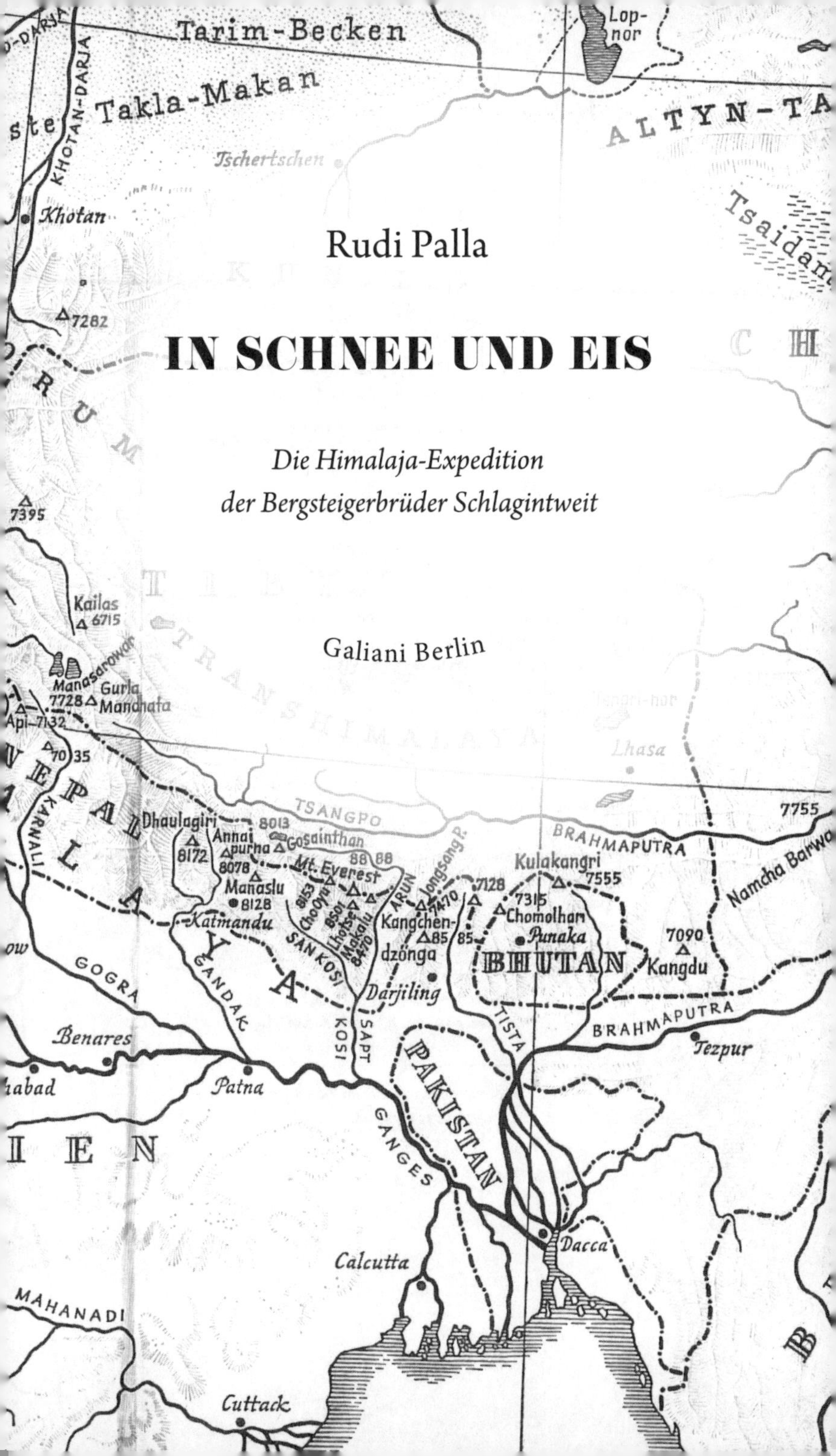

Die Arbeit an diesem Buch wurde unterstützt durch ein
Werkstipendium des Österreichischen Bundeskanzleramts,
Sektion Kunst und Kultur.

MIX
Papier aus verantwortungsvollen Quellen
FSC® C083411
www.fsc.org
Verlag Kiepenheuer & Witsch, FSC® N001512

1. Auflage 2019

Verlag Galiani Berlin

Umschlaggestaltung Manja Hellpap und Lisa Neuhalfen, Berlin
Umschlagmotiv »Gaurisankor«, Aquarell von Hermann Schlagintweit
Lektorat Wolfgang Hörner
Vorderer Vorsatz – Übersichskarte Indien und Hochasien, nebst Angabe der
Schlagintweit'schen Routen. In: Schlagintweit, Hermann: *Reisen in Indien
und Hochasien*, Band 1 (1869), S. 105. Universitätsbibliothek Heidelberg.
Hinterer Vorsatz – The Chain of the Kuenlúen, from Súmgal, in Turkistán.
Farblithografie von Jean Baptiste Sabatier/Alfred Lemercier nach
einem Aquarell von Hermann Schlagintweit, August 1856. In:
Hermann, Adolf und Robert Schlagintweit: *Atlas of panoramas and
views, with geographical, physical, and geological maps* (1961), Tafel 29.
Universitätsbibliothek Heidelberg
Gesetzt aus der Arno Pro
Satz Buch-Werkstatt GmbH, Bad Aibling
Druck und Bindung CPI books GmbH, Leck
ISBN 978-3-86971-187-4

Weitere Informationen zu unserem Programm finden Sie
unter *www.galiani.de*

Jeder strebsame Gelehrte ist Humboldt's Sohn;
wir alle sind seine Familie.

Der Physiologe Emil du Bois-Reymond
an seinen Kollegen Karl Ludwig, Berlin, 26. Juni 1849

~

Berlin, Oranienburger Straße 67, 24. Juni 1849:

Er hatte sie eingeladen, der greise Welterklärer Alexander von Humboldt, die Brüder Hermann und Adolph Schlagintweit aus München, die erst im Vormonat nach Berlin, Preußens geistigem Mittelpunkt, übersiedelt waren. Auf Anraten des Herausgebers Johann Christian Poggendorff hatten die Brüder ihre in den *Annalen der Physik und Chemie* erschienene Abhandlung über den Kohlensäuregehalt der Atmosphäre in den Alpen an den verehrten Humboldt mit dem Hinweis geschickt, dass diese ein Teil ihrer größeren Arbeiten über die Alpen sei. Nun saßen sie, wie aus dem Ei gepellt, im Salon, mit der auffallend hohen getäfelten Decke, den Stapeln von Büchern und zig beschrifteten Pappschachteln am Boden, auf einem gepolsterten Sofa ihrem Idol und späteren Mentor gegenüber.

Humboldt trug wie stets den schwarzen Frack, den »kosmopolitischen Anzug«, wie er scherzend zu sagen pflegte, mit der hohen schneeweißen Halsbinde, deren steife Einlage ihm »die Aufrechterhaltung des Kopfes« ermöglichte.

Die Schlagintweits kannten Humboldts Schriften, vor allem die *Ansichten der Natur* und den 1845 erschienenen ersten Band des *Kosmos,* den Entwurf einer physischen Weltbeschreibung, dessen Bestreben es war, wie Humboldt erklärte, »die Erscheinungen der körperlichen Dinge in ihrem allgemeinen Zusammenhange, die Natur als ein durch innere Kräfte bewegtes und belebtes Ganzes aufzufassen«. Humboldt war interessiert an den wissenschaftlichen Erkenntnissen, welche die Brüder bei Bergtouren in den Ostalpen, in Tirol und Kärnten, gewonnen und teilweise auch veröffentlicht hatten. Sie berichteten ausführlich über die Topographie der Pasterze in den Hohen Tauern, des Marzell-, Hintereis- und Vernagtferners im Ötztal, die Struktur des Gletschereises, die Bewegung der Eismassen; sie legten ihre geologischen Untersuchungen dar, wie die Talbildung und Formen der Gebirgszüge, die Entstehung der Quellen, die Verwitterung und Erosion; ferner sprachen sie über ihre meteorologischen Beobachtungen, über ihre Methoden und Messinstrumente. Sie erwähnten, dass es ihnen gelungen war, den bedeutendsten Gipfel der Ostalpen, den Großglockner, und in den Ötztaler Alpen die Wildspitze (mit 3770 Metern der zweithöchste Berg Österreichs) und den Similaun (3606 Meter hoch) zu besteigen. Humboldt war beeindruckt von der Akkuratesse ihrer Forschungen und ihren bergsteigerischen Leistungen, galt doch sein Versuch, am 23. Juni 1802 gemeinsam mit Aimé Bonpland und Carlos de Montúfar (aus Quito), den Vulkankegel des Chimborazo in den ecuadorianischen Anden, der damals als höchster Berg der Erde galt, zu besteigen, als alpinistisches Glanzstück – obwohl die Besteigung Hunderte Meter unterhalb des Gipfels durch eine »unübersteigliche Grenze« gescheitert war. Humboldt und seinen Begleitern machte damals zudem die dünne Luft zu schaffen. Sie litten, wie er im Rückblick schrieb, an großer Übelkeit, Schwindel und dem Drang, sich zu erbrechen, sie bluteten aus dem Zahnfleisch und hatten blutunterlaufene Augen. (Die Höhe des Vulkans beträgt nach neueren Angaben 6267 Meter. Humboldt gab an, 18 096 Pariser Fuß – 5878 Meter – erreicht zu haben, errechnet nach der Laplace'schen Barometerformel.)

Humboldt gefielen die jungen Forscher, Hermann war 23, Adolph 20 Jahre alt, und er verglich ihre Arbeiten über die östlichen Alpen mit dem Werk von Horace-Bénédict de Saussure. Saussure, geboren am 17. Februar 1740 in Conches, einem kleinen Dorf bei Genf, war Naturforscher, Professor an der Académie des Sciences in Genf und Bergsteiger. Er forschte auf den Gebieten der Meteorologie, Geologie sowie Glaziologie und entwickelte verschiedene Instrumente, wie ein Cyanometer zur Messung der Intensität der blauen Himmelsfarbe oder ein Haarhygrometer zur Feststellung der Luftfeuchtigkeit; beide Messgeräte hatte übrigens Humboldt auf seiner großen Reise durch die spanischsprachige Neue Welt in den Jahren 1799–1804 verwendet. Im Jahr 1760 setzte Saussure eine Belohnung für die Erstbesteigung des Montblanc aus, die nach erfolglosen Versuchen erst am 8. August 1786 dem Kristallsucher Jacques Balmat aus Chamonix gemeinsam mit dem Arzt und Botaniker Michel-Gabriel Paccard, ebenfalls aus Chamonix, gelang. Ein Jahr später wagte sich Saussure selbst, angeführt vom Erstbesteiger Balmat und begleitet von einem Bedienten und achtzehn Führern, auf den Weißen Berg. Als er am 3. August 1887 um elf Uhr den firnbedeckten Gipfel erreichte, musste er zuerst tief nach Luft schnappen, bevor er das »große Schauspiel« genießen konnte: »Ich glaubte meinen Augen nicht, hielt es für einen Traum, als ich die majestätischen Gipfel, die fürchterlichen Hörner unter meinen Füssen sah.« Saussure ließ ein großes Zelt für seine Instrumente aufschlagen und begann, geplagt von Kopfschmerzen und Übelkeit, seine Experimente durchzuführen. Er stellte fest, dass Wasser schon bei 85 Grad Celsius zu sieden begann; er war der Erste, der die Höhe der höchsten Spitze des Montblanc mit Hilfe eines Barometers ermittelte, 2450 Toisen (das sind 4753 Meter, was der heute gemessenen Höhe von 4810 Metern ziemlich nahe kam); er maß die Temperatur, die Feuchtigkeit, die Elektrizität der Luft und seine Pulsfrequenz; er beobachtete die Magnetnadel und verglich mit dem Cyanometer die Farben des Himmels. Mit seinem »unsterblichen Werk«, wie Humboldt lobte, *Voyages dans les Alpes*, in vier Bänden, Genf 1779–1796, erwarb sich Horace-Bénédict de Saussure den Ruf eines Begründers der Alpenforschung.

Ein Jahr nach ihrem Besuch bei Humboldt veröffentlichten Hermann und Adolph ihre Forschungsarbeit in der Gebirgswelt der Ostalpen in Buchform unter dem programmatischen Titel *Untersuchungen über die physicalische Geographie der Alpen in ihren Beziehungen zu den Phaenomenen der Gletscher, zur Geologie, Meteorologie und Pflanzengeographie* (mit 11 Tafeln, 2 Karten und 71 Holzschnitten) im Verlag von Johann Ambrosius Barth in Leipzig, zugeeignet Humboldt, »als ein geringes Zeichen unbegrenzter Verehrung und innigsten Dankgefühles«.

Hermann und Adolph wuchsen, gemeinsam mit drei jüngeren Brüdern, in einer gutbürgerlichen, angesehenen Familie in München auf. Der Vater Joseph war ein namhafter Augenarzt, die Mutter Rosalie, geborene Seidl, verfolgte schöngeistige Interessen; sie starb, nur 34-jährig, als Hermann dreizehn und Adolph zehn Jahre alt waren. Sie waren aufgeweckte Burschen und zeigten schon als Gymnasiasten ein reges Interesse für naturwissenschaftliche Fächer, insbesondere an Erdkunde; mit Hauslehrern vertieften sie ihre Kenntnisse in Englisch und Französisch und nahmen beim Münchner Landschaftsmaler Anton Zwengauer Unterricht in Zeichnen und Aquarellieren. Ihre wissenschaftliche Ausbildung absolvierten beide an der Münchner Universität, Hermann erlangte im Juli 1848 die Doktorwürde in Geographie, Adolph promovierte einige Monate später in Geologie. Ihre Begeisterung für das Gebirge scheint sich anlässlich einer

Reise offenbart zu haben, die sie noch als Schüler unternahmen. In Begleitung einer »älteren Person« besuchten sie das Zillertal und Innsbruck, von dort ging es zurück über den Fernpass nach Lermoos und Partenkirchen, wo sie zum Abschluss einen Abstecher in die wildromantische Partnachklamm machten. In jugendlichem Überschwang reimte Hermann in einem Brief an den Vater: »Wo das Eis sich Berge türmt, wo die Sonne milder scheint, dahin sich mein Herz bestürmt, als des Schönen steter Freund.«

Die Besteigung des Montblanc im Jahr 1786 durch Balmat und Paccard war gleichsam die Geburtsstunde des Alpinismus. Bis zu diesem Zeitpunkt war kein bedeutender Berg erstiegen worden, war kein Mensch über das Mittelgebirge, über die Grenze des ewigen Schnees, hinausgekommen. Saussures alpinistische Leistung und sein kurzer Bericht darüber erregten in ganz Europa Aufsehen und ermutigten das aufgeklärte Bürgertum zur Nachahmung. Die Ersten, die sich in die scheinbar öde, unzugängliche Bergwelt aufmachten, waren Gelehrte, besonders Geographen, Geologen, Botaniker und Glaziologen, die, wie Saussure, wissenschaftliche Erkenntnisse gewinnen wollten. Aber wer kannte sich im Gebirge aus, wer wusste, wie man auf die Berge hinaufkommen konnte, wer besaß Mut und Geschicklichkeit? Es waren Bauern aus den Tälern, die als Kristallsucher, Gämsjäger oder Hirten mit den schneebedeckten Hängen und schwindelerregenden Abgründen vertraut und bereit waren, sich für ein Zubrot als Führer zu verdingen. Die Rangordnung war klar. Die »Bürger« dachten sich das Ziel, nämlich einen Gipfel, aus, die »Älpler« mussten den Herrschaften vorangehen, sie sichern, die Stufen ins Eis hacken und oft auch noch ihr Gepäck schleppen. Fast ein Jahrhundert lang kam man ohne diese einheimischen Führer nicht aus; erst durch Vertrauen in das eigene Können, verfeinerte Technik und zweckmäßigere Ausrüstung setzte sich das »führerlose Steigen« durch.

Die wachsende Popularität des Alpinismus führte auch dazu, dass sich Philosophen, Theologen und Naturliebhaber zu tiefsinnigen Betrachtungen hinreißen ließen. Einer, der die Gefühlslage treffend beschrieb, war Johann Gottfried Ebel, Arzt und Mitglied der Naturforschenden Gesellschaft zu Zürich: »In den Alpen thront die Natur mit allmächtiger Größe und unvergänglicher Erhabenheit! Auf ihren Zinnen, über die Wolken in die Himmel emporgehoben, fühlt sich der Mensch entfesselt von allen Sorgen, allen Plagen und Gebrechen seines Geschlechts, dessen Gewühl und Geräusch in den dunklen Tiefen und weiten Fernen allen Sinnen entschwindet. Ein ungeheures Gebiet von Riesenfelsen überschauend, glaubt der beflügelte Geist über eine ganze Welt zu schweben, und von den zahllosen Zeugen der vergangenen Schicksale der Erde die Geschichte der Natur verkünden zu hören. Die heilige Stille dieser Himmelhöhen versetzt das Gemüt in die feierlichste Stimmung. Nichts stört hier die ernsten Betrachtungen über die *Ewigkeit der Natur* und über den *Augenblick des Seins,* welches Menschenleben, Völkerleben heißt. Wie schwindet dann so Alles, was die menschliche Torheit Groß und Wichtig nennt, als das elendeste Traumbild dahin, und wie bejammernswert erscheinet das sich selbst plagende Geschlecht!! – Hier erweitert sich die Seele in die Räume der Unendlichkeit. Die erhabensten Gedanken und edelsten Gefühle beseligen im reinsten Einklang das Gemüt, und eine nie empfundene Begeisterung weihet zum Bunde der Tugend, der *einzig ewigen Größe* denkender Geister, ein. – O! nur in der *Einsamkeit erhabener Natur* findet der Mensch sich selbst und den Adel seines Wesens wieder; *nur da* erlangt der Geist die Größe und Würde, und das

Herz unnennbaren harmlosen Frieden. Es gibt keinen ehrwürdigeren Tempel des Nachdenkens und der Weisheit, als die himmelschauenden Alpen.«

Das »Erhabene«, ein Lieblingswort der romantischen Epoche und des Bildungsbürgertums, mit dem sich eine bestimmte Gemütsbewegung bezeichnen ließ und das nicht als Teil, sondern ausdrücklich als das Gegenteil des »Schönen« betrachtet wurde. Für Immanuel Kant (in der *Kritik der Urteilskraft*, 1790) war der Begriff »die Verwunderung, die an Schreck grenzt, das Grausen und der heilige Schauer, welcher den Zuschauer bei dem Anblicke himmelansteigender Gebirgsmassen, tiefer Schlünde und darin tobender Gewässer, tiefbeschatteter, zum schwermütigen Nachdenken einladender Einöden usw. ergreift«.

Der erste bedeutende Bergwanderer war zweifellos ein Mann, der an der Atlantikküste, in Le Conquet im Nordwesten der Bretagne, 1739 zur Welt kam: Belsazar (Balthasar) Hacquet. Sein Weg nach Österreich führte über den Siebenjährigen Krieg und die österreichische Armee, in der er als Feldchirurg gedient hatte. Seine wissenschaftliche Karriere begann in Laibach im habsburgischen Slowenien, wo er viele Jahre den Lehrstuhl für Anatomie und Chirurgie innehatte. In seiner Laibacher Zeit durchwanderte er mit Geologenhammer und Botanisiertrommel die Julischen und Karnischen Alpen, forschte und sammelte Erfahrungen als Bergsteiger. Im Jahr 1777 versuchte Hacquet als Erster Sloweniens höchsten Gipfel in den Julischen Alpen, den Triglav (2864 Meter hoch), zu ersteigen, was aber, wie er eingestand, nur beinahe gelang. Auf sein Betreiben hin standen ein Jahr später, am 26. August, drei Slowenen und ihr Führer Lovrenc Willomitzer auf dem Gipfel. Im Sommer 1779 brach Hacquet zu Fuß zu einer »Mineralogisch-botanischen Lustreise, von dem Berg Terglou [Triglav] in Krain, zu dem Berg Klokner in Tyrol« auf. Im letzten Dorf am oberen Ende des Mölltals erreichte der unermüdliche Naturbeobachter sein Ziel, Heiligenblut am Fuß des Großglockners, dessen markanter Felsgipfel ihn tief zu beeindrucken schien. »Ich habe noch niemals einen so hohen Berg so gespitzt gesehen, als dieser ist«, schrieb Hacquet in seinem Reisebericht. »Noch weiß kein Mensch, dass er jemals wäre bestiegen worden, da er vollkommen mit Eis umrungen ist. Einige haben Versuche gemacht, aber fruchtlos, jedoch soviel mir scheint, nicht aus Unüberwindlichkeit, sondern aus übler Anstalt. Hätte ich Zeit, so glaube ich, gut genommene Maßregeln müssten einen wohl hinaufbringen, da er einige Rücken hat, die sich im Sommer vom Eis und Schnee entblößen. Da weder die Jahreszeit, noch die gehörigen Mittel vorhanden waren, einen solchen Berg zu besteigen«, so begnügte er sich, von Heiligenblut zum obersten Talboden des Mölltals aufzusteigen. Im böigen Wind wirbelten Eiskristalle von den Höhen herab, als Hacquet die Gletscherzunge der Pasterze erreichte und umkehrte. Seine Überlegungen, wie der höchste Berg Österreichs bestiegen werden könnte, waren aller Wahrscheinlichkeit nach der Anstoß, am Ende des Jahrhunderts die Eroberung des Gipfels anzugehen.

Hacquet war vermutlich auch einer der Ersten, der ein Vademekum fürs Bergsteigen verfasste. Der physische Bau eines Bergsteigers, meinte er, müsse wohlgebildet sein und ohne Leibesgebrechen. Kleinere Menschen seien im Vorteil gegenüber größeren, denn je größer ein Körper sei, desto eher komme er aus dem Gleichgewicht, wodurch die Gefahr bestehe, niederzustürzen und sich die Knochen zu brechen. Ein Bergsteiger müsse in allen Fällen beherzt sein und keine Furcht vor hohen Abstürzen haben. Der sogenannte Schwindel entstehe aus Furcht. Ferner müsse ein Reisender ohne Frau sein, denn liebt er seine Gattin, so verliere er bei der Trennung viel von seinem Mut. Ein Verheirateter würde auch weniger wagen, weil er sich als Vater unmündiger Kinder nicht gern in Gefahr begebe.

Als Kopfbedeckung schlug er eine lederne Haube (»eine russische Erfindung«) vor, die vorn und hinten wie ein Schirm herabgelassen werden könne. An heißen Tagen sei ein weißes Tuch gegen das Schwitzen, das um den Kopf gebunden wird, vorteilhafter. Die Weste und langen Beinkleider sollten aus Gämsleder verfertigt sein, der Rock müsse kurz sein, mit vier Taschen, in denen man eine Schreibtafel mit Papier zum Zeichnen, die Geldbörse und Taschenuhr, einen kleinen Kompass, ein Vergrößerungsglas sowie eine doppeltröhrige Pistole verwahren könne.

Die Stiefel sollten aus gutem Leder sein, je dicker die Sohlen, desto besser; der Schaft müsse aus weichem und dickem englischen Leder bestehen, um in warmen Gegenden, wo man alle Augenblicke auf eine giftige Schlange treten könne, geschützt zu sein. Ein kurzer, von gutem Tuch gemachter Mantel dürfe nicht fehlen, um sich vor Regen, Schnee und großer Kälte, der man in großen Höhen ausgesetzt sei, zu schützen. Darüber hinaus brauche es ein Hemd zum Wechseln und, was das Notwendigste zur Erhaltung der Gesundheit sei, ein von feinem

Flanell verfertigtes Leibchen. Man trage auch ein Stück schwarzen oder grünen Flor bei sich, um es vor die Augen zu binden als Schutz gegen Schneeblindheit.

Zur erwähnten Ausrüstung gehöre noch ein langer leichter Bergstock, ein langer Strick, für den, der auf Gletschern oder Eisbergen vorangeht, und Steigeisen, die allerdings nur im Kalkgebirge und auf Gletschern von Vorteil seien. Für Granit- und Sandgebirge empfahl Hacquet spezielle »Sandalen«, die sich »tausendmal besser« eignen würden als Steigeisen. Sie bestanden aus fingerdicken, in Öl getränkten Stricken, die mit Darmsaiten zusammengenäht und mit Riemen an die Stiefelsohlen geschnallt wurden.

Man müsse, warnte Hacquet, auf hohen Gebirgen nie ganz ohne »Gegenwehr« sein, deshalb die doppeltröhrige Pistole; man hätte oft, meinte er, mit einem sehr mächtigen Feind zu kämpfen, »nämlich mit den großen Geiern, die auf einen Jagd machen, und mit ihren mächtigen Flügeln zu Boden, oder in die Abgründe schlagen, wo man denn beim Fall ihnen zur Beute wird. Ob sie einen für Gemse, oder für was anders ansehen, weiß ich nicht, genug ist es, dass sie die Beherrscher solcher Anhöhen allein sind. Unter allen Raubvögeln ist der Lämmergeier, *Vultur barbarus,* der gefährlichste.« Belsazar Hacquet, der »Saussure der Ostalpen«, der in die Berge ging, um »sich aus der Natur zu belehren«, starb am 10. Januar 1815 in Wien.

Der erste ernsthafte Versuch, den »Schauder erweckenden« Gipfel des Großglockners (3798 Meter hoch) zu bezwingen, fand schließlich im Sommer 1799 statt. Durch seine Finanzierung ermöglicht hatte das kühne Vorhaben Altgraf Franz von Salm-Reifferscheidt, Fürstbischof von Gurk in Kärnten und Förderer der Naturwissenschaften. Die geistigen Väter waren Salms Generalvikar Sigismund von Hohenwart, der sich vom reisenden Botaniker zum wissenschaftlichen Alpinisten entwickelt hatte, sowie der betagte und renommierte Botaniker und Mineraloge Franz Xaver von Wulfen. Beide Herren waren mit Belsazar Hacquet befreundet und über seinen mutmaßlichen Plan zur Besteigung des Glockners gewiss informiert.

Als Bergführer engagierte man zwei »beherzte« Bauern aus Heiligenblut, die, wie es der hierarchischen Ordnung entsprach, nur als die »Glockner« geheißen wurden; sie sollten die bestmögliche Route ausfindig machen und für die Ausrüstung, wie Hanfseile, Leitern und Steigeisen, sorgen. Sozusagen als Basislager ließ Fürstbischof Salm im oberen Leitertal an der Südwestseite des Glocknerkamms von Zimmerleuten eine schlichte Schutzhütte aus Holz errichten, die auf einem Saumpfad mit Pferden zu erreichen war. Am 16. August verließ Salm Klagenfurt und traf drei Tage später zu Pferd auf der Hütte ein, mit ihm dreißig Personen, darunter sein Koch, Dienstpersonal sowie neunzehn Bauern aus dem Tal, dreizehn Packpferde, reichlich Proviant und das »unentbehrliche« Fässchen Wein. Beim Eintreten überreichte Hohenwart dem Fürsten »einen Strauß aus den artigen und wohlriechenden Blumen einer Primula. Er dankte ihm dabei in einer kurzen, aber zierlichen lateinischen Anrede in seinem und aller Naturforscher Namen dafür, dass nun durch seinen Mut und Freigebigkeit das wohltätige Obdach für Alpenbereiser auf diesem erhabenen Punkte der Erde stehe.« Nachdem die »Glockner« einen möglichen Anstieg ausfindig gemacht und extreme Steilstufen mit Seilen gesichert hatten, unternahmen Herr von Hohenwart und seine vier »Wegweiser«, darunter die beiden »Glockner«, einen ersten Versuch, der daran scheiterte, dass dichtes Schneegestöber und Eiseskälte sie zur Umkehr zwangen. Am Bartholomäustag, dem 24. August, war das Wetter heiter und windstill, also brach die Gruppe erneut auf. Nach mühevoller Kletterei und ausgestandenen Todesängsten erreichten sie den »letzten Absatz des Gipfels«; mit Hilfe von Seilen und einer Leiter »ward auch dieser letzte und entscheidende Versuch glücklich vollendet«. Doch sie standen nicht auf dem Hauptgipfel, sondern auf dem mit hohem Neuschnee angewehten Nebengipfel, dem Kleinglockner (3770 Meter hoch). Von ihrem Standplatz aus konnten sie zwar noch eine »andere Spitze« sehen, die durch eine tiefe Scharte getrennt war, doch stellten sie kaum einen Höhenunterschied fest. Also wurde das mitgebrachte eiserne Kreuz in den Fels gerammt, danach »unter frohem Jubel« ein Toast auf den Fürsten ausgebracht und auf das Wohl »gelehrter Naturliebhaber« mit Wein angestoßen. Ein Jahr später erschien in Salzburg ein anonym verfasster Bericht, der keinen Zweifel an dem Erfolg ließ: »Er ist nun erstiegen, der bis dahin von keinem menschlichen Fuße betretene 2105 Klafter hohe [3991 Meter], so oft fruchtlos bekletterte Glockner, diese Zierde des Norischen Gebirges.« Egal, ob Klein- oder Großglockner, es war jedenfalls eine respektable bergsteigerische Leistung.

Schon planten die durchlauchtigen Herren für

den nächsten Sommer eine weitere Expedition auf den Glockner. Waren sie sich doch nicht sicher?

Der zweite Anlauf war noch aufwendiger und kostspieliger als der erste. Er sollte, stand im Anhang des erwähnten anonymen Berichts, »an physikalischen Resultaten fruchtbar genug werden. Mindestens ist über eine Reihe wichtiger Versuche, und die Art der dazu nötigen Instrumente mit verständigen Männern Rücksprache gepflogen worden. Die Gesellschaft soll so zahlreich und ausgesucht sein, dass jede Abteilung der Naturgeschichte, und Physik ihren Mann dabei findet.« Im Auftrag von Salm wurde etwa auf der Höhe der heutigen Adlersruhe eine zweite Hütte, Hohenwarte genannt, errichtet, um »die Reise auf den Glockner und das gänzliche Ersteigen desselben zu erleichtern«. Am 27. Juli 1800 versammelten sich nicht weniger als 62 Personen in Heiligenblut zum Aufstieg auf die Salmhütte: Bischof Salm, Freiherr Wulfen, Graf Hohenwart, der Schulreformer Vierthaler, der Botaniker Hoppe aus Regensburg, aus Salzburg der Mathematikprofessor Schiegg mit seinem Studenten Stanig, der Botaniker Baron Seenus sowie die Pfarrer von Dellach und Rangersdorf im Mölltal, Orrasch und Hautzendorfer. Als Führer waren wieder die beiden »Glockner« und zwei Zimmerleute dabei. Das Wetter war »vortrefflich«, die Luft »sehr heiter«, als die »ansehnliche Alpencaravane« am Nachmittag bei der Salmhütte eintraf. Der Koch des Fürsten, Herr Karg, bereitete für die hungrig gewordene Gesellschaft ein »herrliches Dinner« zu, ein »fürstliches Mahl, bei welchem der Fürst die herzliche Freude genoss, die Schüsseln schneller verschwinden zu sehen, als an seiner Tafel zu Klagenfurt. Das seltenste auserlesenste Obst zierte hier an der Grenze des ewigen Eises den Nachtisch, der Champagner und Tokayer und Malaga quoll hier, als kelterte man ihn vom nahen Gletscher. Der heiterste Himmel erheiterte noch mehr den Geist der Gäste: wir hatten die sicherste Hoffnung, bei dieser zweiten Reise unseren Zweck zu erreichen, und manche für die Naturgeschichte interessante Versuche anzustellen.«

Die Hoffnung sollte sich am nächsten Tag, dem 28. Juli, erfüllen. Die mutigsten der »Caravane«, Graf Hohenwart, der Botaniker Hoppe sowie die beiden Pfarrer Orrasch und Hautzendorfer, drangen von der Salmhütte über die Adlersruhe bis zum Kleinglockner vor, wo sie der Mut verließ. Indes stiegen nun die vier einheimischen Führer unerschrocken vom Kleinglockner in die Scharte ab, überwanden den schmalen Grat und erklommen als Erste den Hauptgipfel des Glockners. Sie versicherten den Anstieg mit Seilen und kehrten zum Kleinglockner zurück. Die Bauern bestanden darauf, dass »Einer von den Herren« mit auf den Gipfel kommen müsse, und zwar »ihr« Pfarrer Mathias Hautzendorfer, der aber um sein Leben fürchtete und sich weigerte. Die Bauern redeten ihm gut zu, gaben ihr Wort, es werde ihm nichts geschehen. Der Pfarrer gab seinen Widerstand auf, zweifelte aber nach wie vor, das Wagnis zu überleben. Er überlebte und stand als erster »Herr« auf dem Gipfel, von seinen tapferen Führern mit »Jubel und Jauchzen« gefeiert.

Zurück auf der Salmhütte, erwartete die Besteiger und die anderen Herrschaften »ein fürstliches Mahl«. Graf Hohenwart notierte in sein Tagebuch: »Der über die glücklich gelungene Expedition erfreute Fürst nahte sich den Zimmerleuten, die, auf der Moosterrasse vor der Hütte hingestreckt, aus einer vitellianischen Schüssel [bezieht sich auf Kaiser Aulus Vitellius, einen Feinschmecker und Vielfraß] die ihnen vorgesetzten Klösse heraus holten, und warf einige Hände voll Geldes hinein. Die guten Leute hatten wohl in ihrem Leben aus keiner so kostbaren Schüssel gespeist. Man hätte sehen sollen, mit welcher Eile nun diese Leutchen die Schüssel leerten, um bald auf den Grund zu kommen! Es gelang schneller, als wir es vermuteten, und die Bauern teilten brüderlich ihren Schatz, und zeigten durch ihre Gelassenheit, dass sie nicht so unverträglich, so verdorben wären, wie die Bewohner mancher Hauptstadt.

Einige Augenblicke vor der Abreise enthüllte der Glockner noch auf einige Sekunden sein Haupt, als ob er der Gesellschaft für die ihm bewiesene Ehre danken wollte.«

Auch die Schlagintweit-Brüder Hermann und Adolph bestiegen am 29. August 1848 mit ihren Führern Pius Granegger, Valentin Unterkirchner und Veit Bäuerle den Gipfel des Großglockners. Wie die Erstbesteiger wählten sie den Ostanstieg. Sie verließen um drei Uhr früh die Salmhütte (mittlerweile ein Steinbau) im oberen Leitertal, wo sie die Nacht verbracht hatten, und stiegen über den Leitergletscher zur Hohenwartscharte und weiter zur Adlersruhe auf. Über einen vergletscherten Steilhang, das sogenannte »Glocknerleitl«, in den sie gezwungen waren 200 Stufen »einzuhauen«, erreichten sie die Eisnadel des Kleinglockners. Nun mussten sie zur oberen Glocknerscharte absteigen und den kaum einen halben Meter breiten, nach beiden Seiten hin in bodenlose Tiefe abstürzenden Übergang queren. Von der Scharte kletterten sie über einen steilen Felsaufschwung zum Gipfel des Großglockners; um elf Uhr vormittags standen sie auf der Spitze der »großen Felsenpyramide«, einem »sehr schönen Gipfel, der nach allen Seiten steil abfällt«. Ihrer alpinistischen Leistung widmeten sie in den erwähnten *Untersuchungen über die physikalische Geographie* der Ostalpen nur ein paar Zeilen, umso umfangreicher stellten sie ihre Messergebnisse dar. Sie beschrieben die Topographie der Pasterze, ihre Bewegung und die Farben des Eises; die Charakteristik der Felsarten, die Verteilung der Temperatur, Tau und Wolkenbildung, die Grenzen der Vegetation; sie verzeichneten unzählige Höhenangaben, die sie mit Heber- und Thermobarometer ermittelt hatten, und vieles mehr. Herrmann und Adolph betrieben ihre Wissenschaft mit kühler Sachlichkeit, das anschauliche Erzählen war gewiss nicht ihre Stärke.

Ein Jahr zuvor, im Herbst 1847, hatten sich Hermann und Adolph in den Ötztaler Alpen aufgehalten. Als erstes Ziel wählten sie damals den 3606 Meter hohen Similaun an der Grenze zwischen Süd- und Nordtirol. Vom Wallfahrtsort Unser Frau im Südtiroler Schnalstal machten sie sich mit ihren Führern Michael Rofeiner und Johann Dumbner aus Schnals auf den Weg. Über den Grafferner stiegen sie zum firnüberzogenen Gipfel auf, den sie »ohne besondere Schwierigkeiten« am 13. September erreichten. Viel mehr, als dass es nicht besonders schwierig war, erfahren wir von den Schlagintweits nicht. Ein Jurist aus Wien, Anton von Ruthner, bestieg fünf Jahre vor den Brüdern den Similaun; seine Schilderung *Aus dem Hochgebirge,* die in einer Wiener Zeitschrift für Kunst und Literatur erschien, vermittelte freilich, dass es nicht so einfach war. Ruthner und sein »furchtloser« Führer namens Fuchs starteten ebenfalls vom Dorf Unser Frau nach Mitternacht beim Schein von Laternen, in denen Unschlittkerzen brannten. Als sie die Hälfte des Wegs zurückgelegt hatten, machten sie Rast, stärkten sich mit »Tirolerwein und kaltem Bockfleisch« und warteten die Morgendämmerung ab. »Um halb 5 Uhr gingen wir vom Rotspitz weg. Mit jedem Schritt gewannen wir eine weitere Rundschau. Heute war jedoch wenig von der Fernsicht zu hoffen. Was wir in dem einen Augenblick sahen, war im nächsten durch Nebel verdeckt.

Wir waren nun auf dem schmalen Felsgrate, welcher sich zwischen der Eiswand, die der Similaun fast senkrecht in die Similaunsgrube sendet, und zwischen dem, von der Spitze südwärts sich senkenden Grafferner bis nahe zum Gipfel des Gebirgsfürsten steil hinanzieht. Für nicht ganz schwindelfreie Köpfe sind solche Felskämme zwischen steilen Gletscherwänden die größte Gefahr bei Bergexpeditionen. Der Fuß muss sich bei jedem Tritte mit Vorsicht den Stein suchen, welcher den Körper trägt, ohne durch die Schwere in die Tiefe zu stürzen, und den unvorsichtigen Alpenwanderer mit sich zu reißen. Steigt der Grat steil an, so wird es noch gefährlicher, auf diese Weise von Klippe zu Klippe zu klimmen, weil sich dann auch die größere Anstrengung jedes zähen Aufwärtssteigens zur Einwirkung der verdünnten Luft und zur Beklommenheit beim Anblicke der beiderseits gähnenden Abgründe gesellt, in welch letztere oft ein, durch einen Fußtritt locker gewordener Stein, als ein nicht bloß förmliches, sondern wirksames *memento mori,* hinabkollert.

Fuchs aber und ich stiegen, dieser Dinge nicht achtend, auf unseren Grat wohl bis auf seinen äußersten, über den Gletscher überhängenden Ecken empor. Um halb 7 Uhr waren wir an seinem Ende angelangt.

Nach kurzer Rast zogen wir, die Steigeisen an

den Füßen und mit einem Stricke an einander gebunden, über den Ferner aufwärts.

Die Einwirkung der Luft war, obschon Nebel in der Ferne, so wie rings um uns und oft sogar um die benachbarte Similaunspitze selbst tanzten, sehr fühlbar; der Anstieg deshalb und wegen der Steile des Gletschers sehr beschwerlich. Doch ist die auf dem Ferner zurückgelegte Strecke nur kurz und auch wir hatten sie bald überwunden und standen nun als Sieger auf der Spitze.«

Die Erstbesteigung des Similaun gelang übrigens 1834 dem Schnalser Pfarrer Theodor Kaserer (den Ruthner vor seiner Tour zurate zog), geführt von dem Holzknecht Josef Raffeiner. Anton von Ruthner zählte zu den Wegbereitern der Hochtouristik und war einer der Gründerväter des Österreichischen Alpenvereins; er bestieg mehr als 300 Alpengipfel und verfasste darüber zahllose Aufsätze.

Auf dem Tisenjoch, einer Senke des Schnalskamms zwischen der Fineilspitze und dem Similaun, entdeckten am 19. September 1991 zwei deutsche Bergwanderer eine gefriergetrocknete Leiche, die sie für einen verunglückten Bergsteiger hielten. Wie sich später herausstellte, eine archäologische Sensation, denn die Gletschermumie stammte aus der Jungsteinzeit. Der Todeszeitpunkt des Mannes wurde mittels der Radiokarbonmethode auf die Jahre zwischen 3359 und 3105 vor Christus bestimmt. Dadurch ist auch sehr wahrscheinlich geworden, dass schon vor über 5000 Jahren Jäger und Sammler über die Joche zwischen Schnals- und Ötztal gewandert waren. Schon bald suchte man nach einem griffigen Namen für die »Mumie vom Similaun« – und verfiel auf Ötzi. Gut konserviert wird der Mann aus dem Eis im Südtiroler Archäologiemuseum in Bozen in einer Kühlzelle hinter Panzerglas ausgestellt.

Am 18. September 1847, fünf Tage nach der Besteigung des Similaungipfels, hielten sich Hermann und Adolph in Vent, einem Gebirgsdorf im Ötztal, auf, mit der Absicht, die Wildspitze (mit 3768 Metern der zweithöchste Berg Österreichs) zu erklettern. Ihr Führer war diesmal Balthasar Winkler, ein Schafhirt aus dem Passeiertal. Sie stiegen den Rofenkarferner hoch und erreichten um zehn Uhr ein »Horn«, hinter dem steile Felswände jedes weitere Vordringen verhinderten. Also kehrten sie über ein Schneefeld mit 49 Grad Neigung auf das »Firnmeer« des Gletschers zurück und wandten sich dem »jenseitigen Kamme« zu, der sich von der Spitze herabzog. Sie mussten noch eine Wand mit zusammengewehtem Schnee überwinden, bis nachmittags die »östliche Spitze« erklommen war. Etwas höher machten sie »noch zwei westliche Gipfel« aus, zu denen eine Schneebrücke führte, »die aber diesmal wegen des heftigen Windes nicht betreten werden konnte«.

Eine kritische Bemerkung zu den Brüdern verfasste der erwähnte Anton von Ruthner, der im August 1861 selbst die Wildspitze »bezwang«. In den Mitteilungen der k. k. Geographischen Gesellschaft in Wien von 1862 war zu lesen: »Diese Herren hielten sich, wenn ich nicht irre, 1847, damals allerdings noch sehr jung, im Ötztal auf, und wollten von Nikodem [Klotz, aus der Rotte Rofen, Ruthners damaligem Führer] auf die Wildspitze geführt werden. Nikodem unternimmt nun nicht leicht die Führung eines gewagten Unternehmens, und am wenigsten dann, wenn ihm ein Fremder dazu nicht ganz geeignet zu sein scheint, und mochte nun dieser Grund oder ein anderer ihn dazu bestimmen, er schlug es den Brüdern Schlagintweit ab, sie auf die Wildspitze zu begleiten.

In Vent behauptet man, dass sie nur auf den südlichen felsigen Vorberg der Wildspitze, den Urkund, gelangt seien. Die Herren von Schlagintweit dagegen geben in ihren *Untersuchungen* eine Notiz, der zu Folge sie der heftige Wind verhindert hätte, das Hypsometer [zur Bestimmung des luftdruckabhängigen Siedepunkts von Wasser] auf dem Gipfel selbst aufzustellen.« Daher seien sie zu einer windgeschützten Stelle abgestiegen und hätten hier die Höhe mit 3591 Metern gemessen. Von diesem Punkt aus hätten sie trigonometrisch die Differenz zum Gipfel mit 140 Metern ermittelt, was in Summe 3731 Meter ergab.

»Wenn man sich auch nicht berufen fühlt«, bemerkte Ruthner weiter, »ein Urteil darüber abzugeben, welche Höhe die Herren von Schlagintweit damals erreicht haben, so muss sich doch jedem, der die Wildspitze genau kennt, der gewichtige Zweifel aufdrängen, auf welchem Weg denn die Herren den östlichen Gipfel erreicht haben, nachdem man ihn auch heute noch nur von der westlichen Spitze aus für ersteigbar halten kann. Oder sollten die Herren von Schlagintweit einen östlichen tieferen Vorsprung des Berges erstiegen, und ihn als den östlichen Gipfel angesehen haben?«

Hermann und Adolph haben in den Hunderten Seiten ihrer *Untersuchungen* leider nicht verraten, mit welcher Bekleidung sie in die eisigen Höhen vorgedrungen waren. Aus der umfangreichen Reiseliteratur von damals lässt sich folgende Ausrüstung rekonstruieren: Robuste knöchelhohe Lederschuhe mit genagelten Sohlen, wollene Stutzen (Kniestrümpfe), Gamaschen aus Loden oder Segelleinen, Kniehosen aus schwerem Manchestercord, Hemden aus Shirting, Flanell oder Leinen, eine Weste aus luftigem Tweed, ein gefütterter halb langer Gebirgsrock, ein aus Wollzeug gewalkter Lodenumhang (Wetterfleck) und ein dicker Filzhut (den oft eine Birkhahnfeder schmückte); dazu gehörte ein mannshoher stabiler Bergstock aus Eschenholz mit scharfer Eisenspitze, den man beidhändig als Stütze bei An- und Abstiegen, beim Durchqueren von Bächen oder Gehen im Firn einsetzen konnte, sowie Seile aus Manilahanf, achtzackige Steigeisen und Eisäxte (dem Eispickel ähnlich).

Hermann und Adolph blieben nach ihrer Rückkehr aus den Ostalpen weiterhin in regem Kontakt mit Humboldt. Bei einem der regelmäßigen Treffen bekam Hermann als Geschenk dessen Handexemplar der deutschen Ausgabe seines Werks *Central-Asien. Untersuchungen über die Gebirgsketten und die vergleichende Klimatologie* (1844) mit persönlicher Widmung; darin hatte Humboldt den wissenschaftlichen Ertrag seiner 1829 unternommenen Reise, in Begleitung des Mineralogen Gustav Rose und des Biologen Christian Gottfried Ehrenberg, durch das zaristische Russland über den Ural nach Sibirien bis an die chinesische Grenze verarbeitet.

Lange vor dieser Reise nach Russland, schon kurz nach seiner ruhmreichen Rückkehr vom Neuen Continent, trug sich Humboldt mit neuen Reiseplänen. Nach Abschluss seines Reisewerks wollte er eine Expedition nach den Ganges-Quellen und ins Innere Asiens unternehmen, mit der Absicht, seine Erkenntnisse in Südamerika mit asiatischen Landschaften und Gebirgen zu vergleichen. Doch dazu kam es nicht. Spekuliert wurde, die Britische Ostindien-Kompanie hätte das Vorhaben vereitelt, um sich von Ausländern nicht in die Karten schauen zu lassen. Kurt-R. Biermann, ein Wissenschaftshistoriker und Experte für Humboldts Leben und Werk, schien es zu wissen: »Er blieb wegen seiner freimütigen Berichterstattung über koloniale Missstände in Lateinamerika eine Persona non grata.« Humboldt selbst machte zwar kein Aufheben vom Scheitern seines Vorhabens, schrieb sich aber seine Enttäuschung in dem erwähnten Werk *Central-Asien* von der Seele: »Nichts hat mich in meinem Leben mit lebhafterem Bedauern erfüllt, als dass es mir nicht vergönnt gewesen, selbst in jene berühmten Regionen einzudringen, wo ich ihr Verhältnis zu den Cordilleren der Neuen Welt erforschen wollte. [...] Umstände, deren nähere Angabe gegenwärtig für das Publikum kein Interesse mehr haben dürfte, veranlassten mich, einen anderen Weg einzuschlagen und ein Vorhaben aufzugeben, welches meine Phantasie so lange Zeit auf's Lebhafteste beschäftigt hatte. Das ist das Geschick des Menschen: Am Ziele seines Lebens stehend, vergleicht er nicht ohne Betrübnis das Wenige, was er geleistet hat, mit dem, was er zur Vergrößerung des Gebiets der Wissenschaften gern hätte unternehmen mögen.«

Hermann und Adolph, die zu Humboldts bevorzugten Besuchern in der Oranienburger Straße zählten, schmiedeten ebenfalls Pläne für eine Reise in den Himalaja. Humboldt bestärkte seine jungen Freunde in ihrem Vorhaben; ja insgeheim hegte er die Hoffnung, sie könnten seine Ambitionen, die ihm versagt geblieben waren, verwirklichen.

Um ihr Asien-Projekt voranzutreiben, fassten die Brüder den Entschluss, nach London zu reisen, um in Kontakt mit wichtigen Vertretern der Wissenschaft zu kommen. Hermann war Habilitand bei Carl Ritter, der den Lehrstuhl für Geographie an der Berliner Friedrich-Wilhelms-Universität innehatte und zudem ein enger Vertrauter Humboldts war. Das Hauptwerk des renommierten Geographen, die neunzehnteilige *Vergleichende Erdkunde* (1817–1859), enthielt auch Teile über Hochasien und die Indische Welt. (Unter der Bezeichnung »Hochasien« verstand man eine geographische Region, die von den drei großen Hochgebirgsketten Himalaja, Karakorum und Kunlun umgeben wird.)

Am 20. Juli 1850 wandte sich Hermann in einem Brief an Carl Ritter mit der Bitte »um einige Empfehlungen nach England, besonders an die Vorstände der großen ethnographischen etc. Sammlungen. Wir dürfen vielleicht um so weniger fürchten, Ihnen dabei lästig zu sein, da bei der ausgezeichneten Bewunderung und Verehrung, die Sie in England wie überall genießen, ein paar Worte von Ihnen hinreichen, die beste Aufnahme zu gewähren.«

Im Winter 1850/51 hielten sich Hermann und Adolph zwei Monate in London, Oxford und Cambridge auf, wo sie Gelegenheit bekamen, Mitglieder der wissenschaftlichen Elite kennenzulernen; etwa den herausragenden Gelehrten William Whewell, Oberhaupt des Trinity College in Cambridge (der erstmals das Wort *scientist,* für Wissenschaftler, prägte). Whewell reichte sie weiter an seinen Kollegen Michael Faraday, einen der bedeutendsten Experimentalphysiker seiner Zeit. Sie trafen mit Sir Roderick Murchison zusammen, eine Koryphäe auf dem Gebiet der Geologie, und sie wurden nach Kew ins Observatorium eingeladen, damals eine Forschungsstätte für wissenschaftliche Arbeiten in den Bereichen Meteorologie, Erdmagnetismus und atmosphärische Elektrizität. Dort lernten die Brüder den aus Dublin stammenden Astronomen Edward Sabine (im militärischen Rang eines Lieutenant Colonel) kennen, den Schatzmeister und späteren Präsidenten der einflussreichen Royal Society, der an den Expeditionen von John Ross (1818) und William Edward Parry (1819–20) auf der Suche nach der Nordwestpassage teilgenommen und sich bei der Erforschung des Erdmagnetismus einen Namen gemacht hatte. Sabine war mit Humboldt bekannt, seine sprachbegabte Frau Elizabeth übersetzte Werke von Humboldt *(Ansichten der Natur)* und Carl Friedrich Gauß *(Allgemeine Theorie des Erdmagnetismus)* ins Englische. Sabine sollte Jahre später eine entscheidende Rolle bei der Realisierung der Schlagintweit'schen Himalaja-Expedition spielen.

Nach ihrer Rückkehr aus England dehnten Hermann und Adolph im Sommer und Herbst 1851 ihre Forschungsarbeit auf die Westalpen aus, sie besuchten die Schweiz, Piemont und Savoyen. Dabei gelang ihnen am 23. August 1851 beinahe die Erstbesteigung des höchsten Gipfels des Monte-Rosa-Massivs, die 4634 Meter hohe Dufourspitze (die damals »Höchste Spitze« hieß), in den Walliser Alpen. Der mächtige Gebirgsstock zwischen der Schweiz und Italien ähnelt einer Krone, deren zehn Zacken über 4000 Meter hoch sind. Johann Nikolaus Vincent, Besitzer einer Goldmine aus Gressoney-la-Trinité im Lystal, war der Erste, der mit zwei Bergknappen und dem Gämsjäger Jacques Castel am 5. August 1819 über den Südosthang einen der kalten Eiszacken (4215 Meter hoch) erstieg, die nach ihm benannte Vincent-Pyramide. Ein Jahr später, am 1. August 1820, erreichte der Forstinspektor aus Noversch im Val de Gressoney, Joseph Zumstein, mit mehreren Begleitern die dritthöchste Spitze (4563 Meter hoch), die heutige Zumsteinspitze. Erst 35 Jahre später wurde ein noch höherer Gipfel erklommen, die Dufourspitze.

Ein Mann, der sich um die Vermessung und Kartierung der Monte Rosa verdient gemacht hatte, war Ludwig Freiherr von Welden, Oberst des k.k.

General-Quartiermeister-Stabes und Topograph. Er lernte Joseph Zumstein kennen, als er sich im Val de Gressoney aufhielt. Zumstein überließ ihm die Niederschriften seiner »Reisen auf den Monte-Rosa«, die er mehrmals unternommen hatte, zur Veröffentlichung. Baron Welden, selbst ein beherzter Alpinist, gab 1824 in Wien die Monographie *Der Monte-Rosa. Eine topographische und naturhistorische Skizze, nebst einem Anhange der von Herrn Zumstein gemachten Reisen zur Ersteigung seiner Gipfel* heraus. Im Vorwort schwärmte er: »Ich habe die Täler des Montblanc, des Bernhard, die Alpen Savoyens und der Schweiz durchwandert, manches Schöne und Große gesehen; immer aber hat mir der Anblick des Monte-Rosa einzig geschienen. – Ich glaubte mich ans Ende der Welt versetzt. In seiner Art bleibt der Monte-Rosa daher einzig, und lässt sich nicht wohl mit anderen Eisgebirgen vergleichen: – so isoliert, und doch so nahe an einem warmen Himmel, an den Hainen, wo Citronen blühen.« Welden beklagte, dass für die Menschen in den Tälern *sein* Monte Rosa nur der »große Gebirgsstock« hieß. Deshalb empfand er, man müsse den Zacken der Krone Namen geben, was er in seiner Schrift auch tat; diese Namen haben sich größtenteils bis heute erhalten: Vincent-Pyramide, Zumsteinspitze,

Nordend, Signalkuppe, Parrotspitze, Ludwigshöhe, Schwarzhorn. Bereichert hatte Welden sein Werk mit mehreren haarfeinen Kupferstichen von »Profil-Ansichten« des Massivs.

Zermatt, 21. August 1851: Am Morgen verließen Hermann und Adolph mit ihren Führern Peter Taugwalder, Peter Innerbinner und Hans Joseph zum Taugwald, ausgerüstet mit Barometern, Thermometern, Hypsometer, Cyanometer, Neigungsmesser, Fernrohren, Seilen, Steigeisen, Bergstöcken, Hämmern, Meißeln und Proviant, das Gebirgsdorf. Der erste Tag wurde dazu verwendet, Höhe zu gewinnen, um näher an den Gipfel heranzukommen. Der Weg führte zunächst durch einen sommergrünen Lärchenwald, danach erreichten sie ohne besondere Schwierigkeiten ein 2753 Meter hohes Plateau, namens »In den Gadmen«, das sich auf einer Seitenmoräne des Gornergletschers befand. Hier hatten Schäfer einen viereckigen Windschutz aus Steinblöcken errichtet, wo sie ihr Nachtlager aufschlugen. Rundum war der Felsschutt mit gelb blühendem Nelkenwurz *(Geum reptans)* übersät. Aus dürrem Wacholdergestrüpp wurde Feuer gemacht und Tee gekocht; dazu aßen sie grobes Roggenbrot, Käse und geräuchertes Murmeltierfleisch, das Taugwalder mithatte. Als die Nacht anbrach, glitzerten im Mondlicht die Lachen von Schmelzwasser auf dem Gletscher wie Silber, nur das Gurgeln der unsichtbaren Bäche im Inneren des Eises war zu hören.

Kurz vor vier Uhr früh brachen sie auf und begannen langsam und schweigend den Aufstieg über ein steiles Firnfeld am Fuß des Gletschers. Je höher sie stiegen, desto mehr Spalten und mächtige, vom Gletscher herabgestürzte Eisblöcke behinderten ihr Weiterkommen. In dieser Trümmerlandschaft stießen sie unversehens auf erfrorene Schmetterlinge, vermutlich Bläulinge, die mit ausgebreiteten Flügeln unter einer hauchdünnen Schicht klaren Eises lagen. Nun gelangten sie in das Eismeer des Monte-Rosa-Gletschers, der zwischen dem Nordende und der Höchsten Spitze entspringt und in den Gornergletscher mündet. Als die Sonne über den schroffen Graten der Nordspitze hervorkam, schützten sie ihre Augen mit durchsichtigen Schleiern und die Gesichtshaut mit Glycerinöl. Auf der Suche nach einem Übergang über einen breiten Firnschrund trat Peter Innerbinner, der voranging, auf eine zu dünne Schneebrücke und brach ein. Obwohl er mit dem Seil gesichert war, was den Absturz in die grünblau schimmernde Spalte verhinderte, saß ihm der Schreck in den Gliedern; Hermann verabreichte ihm zur Beruhigung Hoffmannstropfen auf einem Stück Zucker. Nachdem sie die Spalte an einer weniger breiten Stelle überwinden konnten, kletterten sie auf die Einsattelung zwischen dem Nordende und der Höchsten Spitze. Diese ragte noch etwa 100 Meter über dem Sattel empor. Der ältere Führer Taugwald klagte über Schwindel und blieb zurück. Die anderen vier benötigten fast zwei Stunden, um diese letzte, ungemein steile Felswand aus Glimmerschiefer zu überwinden, die überdies stellenweise mit blankem Eis überzogen war, das sie, um nicht abzurutschen, mit dem Hammer abschlugen; wo sie keinen Halt fanden, schlugen sie stählerne Meißel in Felsspalten, an denen sie sich hochhangelten. Mit letzter Kraft und blutleeren klammen Fingern erreichten sie gegen Mittag eine der beiden Spitzen. Die andere, die in geringer Entfernung westlich von ihnen lag, war, wie sie sehen konnten, nur um einige Meter höher. Beide Spitzen, die östliche und die höhere (eben die heutige Dufourspitze), verband ein schmaler, vereister und zerklüfteter Grat, vor dem sie zurückschreckten. Das Risiko abzustürzen war zu groß. Da das Wetter es zuließ, hielten sie sich über eine halbe Stunde auf der nur wenige Quadratmeter großen Ostspitze auf, in Gesellschaft zweier glänzend schwarzer Alpendohlen (von Linné als *Corvus graculus* erstbeschrieben), die im Aufwind mit hellen Pfiffen um die Spitze segelten. Sie maßen den Luftdruck, stellten die Höhe fest (4640 Meter) und die Temperatur (minus 5,1 °C), die Luftfeuchtigkeit und die Bläue des Himmels, ja sogar ihre Pulsfrequenz (100 Schläge). Und in der wenigen Zeit, die verblieb, betrachteten sie das »ausgedehnte« Panorama. Es hätte nicht viel gefehlt, und Hermann und Adolph wären als Erstbesteiger der höchsten Spitze des Monte Rosa in die Alpingeschichte eingegangen.

Vier Jahre später, am 1. August 1855, bezwang eine englische Seilschaft unter Führung von Christopher Smyth und Charles Hudson die Höchste Spitze. Diese wurde 1863 durch den eidgenössischen Bundesrat zu Ehren des Schweizer Generals und Kartographen Guillaume-Henri Dufour umbenannt. Charles Hudson, anglikanischer Geistlicher und Spitzenalpinist aus Lincolnshire, gehörte mit drei anderen Engländern, darunter Edward Whymper, der sich als Führer der Gruppe aufspielte, sowie zwei Bergführern aus Zermatt und einem aus Chamonix, am 14. Juli 1865 zu den Bezwingern des Matterhorns, das als die letzte große Herausforderung der Alpen galt. Als Erster stand der ehrgeizige Whymper auf dem Gipfel; er und der französische Bergführer Michel Croz machten sich auf dem Gipfelschneefeld vom Seil los und lieferten sich ein Kopf-an-Kopf-Rennen, das Whymper für sich entschied. Beim Abstieg über die Nordwand riss das Seil, und Charles Hudson, Lord Francis Douglas, Douglas Robert Hadow und Michel Croz stürzten tödlich ab. Die Tragödie löste in dem kleinen Ort Entsetzen aus, die Frage nach Schuld und Verantwortung bewegte die Gemüter, nicht nur in Zermatt. Wilde Spekulationen machten die Runde. War das Seil, mit dem die Bergsteiger gesichert waren, tatsächlich gerissen, oder wurde es von einem der Überlebenden, um sich zu retten, durchgeschnitten? Ein Untersuchungsausschuss kam schließlich zu dem Schluss, dass niemand Schuld an dem Absturz trage. Trotzdem rumorte es weiter. Eine alarmierte Öffentlichkeit fragte sich, ob die Zukunft des Bergsteigens darin bestehe, die Gefahr um der Gefahr willen zu suchen. Welchen Sinn habe es, das Leben zu riskieren, um Gipfel oder himmelhohe Wände auf immer halsbrecherischeren Routen zu ersteigen? Das Bergsteigen hatte seine Unschuld verloren.

Mit der Besteigung des Matterhorns ging das sogenannte »Goldene Zeitalter des Alpinismus« zu Ende, in dem die meisten bedeutenden Alpengipfel bestiegen worden waren. Vor allem die Engländer hatten die Alpen als ihren »Playground of Europe«, ihren Tummelplatz, entdeckt, eine Bezeichnung, die von Leslie Stephen stammt, einem Agnostiker, Historiker, Bergsteiger, Mitbegründer des elitären britischen Alpine Club und Vater von Virginia Woolf. Dominiert wurde der Club von Vertretern der oberen Mittelschicht, die, wie es die Statuten verlangten, mindestens einen Viertausender bestiegen haben mussten, um aufgenommen zu werden.

Auch Hermann und Adolph reihten sich zweifellos unter die Pioniere des Goldenen Zeitalters ein. Sie hatten bewiesen, dass sie hervorragende Bergsteiger waren, wagemutig, beharrlich und erstaunlich leidensfähig. Außerdem sollten Adolph und sein Bruder Robert (den wir gleich kennenlernen werden) die ersten Menschen sein, die eine Höhe von 6785 Metern erreichten, und zwar am 19. August 1855, als sie versuchten, den Abi Gamin (7355 Meter), einen Nebengipfel des Kamet (7756 Meter) im indischen Garhwal-Himalaja, zu besteigen. Aber davon später.

»Es ist ein natürliches Gefühl«, schrieb Adolph einmal selbstgewiss, »das Streben nach dem Erreichbaren des Schwierigen, das den Menschen veranlasst, die Besteigung hoher Gipfel zu versuchen. Aber es gehört eine gewisse Bildung des Geistes dazu, um das Streben gerade in diese Richtung zu lenken. Rohe, unzivilisierte Völker haben niemals das Bedürfnis nach Ersteigung hoher Gipfel. Bei ihnen ist das Streben nach physischer Kraftäußerung gerichtet, nach Gewinnung der Lebensbedürfnisse. Es gehört eine wissenschaftliche Verfeinerung des Gefühls dazu, die Erhabenheit der Natur zu würdigen.«

Ein Jahr nach ihrer Monte-Rosa-Tour stellten Hermann und Adolph gemeinsam mit Bruder Robert Untersuchungen im Gebiet der Zugspitze und des Wettersteins an, danach widmete sich Robert allein der Erforschung des Kaisergebirges in den Tiroler Kalkalpen. Robert war um sieben Jahre jünger als der erstgeborene Hermann. Er studierte ebenfalls Geographie und erlangte 1854 in Jena den Doktorgrad mit einer Arbeit über das Kaisergebirge.

Gemeinsam veröffentlichten sie 1854 *Neue Untersuchungen über die physikalische Geographie und die Geologie der Alpen*; mit Tafeln und einem Atlas, der sich durch hervorragende Darstellungen auszeichnete. Gewidmet war das Werk »Seiner Majestaet Friedrich Wilhelm IV., Koenig von Preussen«, den Humboldt persönlich auf die Brüder aufmerksam gemacht hatte.

Das Werk ist gegliedert in vier Teile, der erste enthält die Höhenmessungen in den Westalpen, der zweite die geologischen und physikalischen, der dritte die meteorologischen Untersuchungen, der vierte die geologischen Beobachtungen über die Umgebungen der Zugspitze und des Wettersteins sowie Bemerkungen über das Kaisergebirge in Tirol. Um anschauliche Darstellungen der Landschaft zu erreichen, ließen die Brüder zudem plastische Reliefs des Monte-Rosa-Massivs, der Zugspitze und des Wettersteins im Maßstab 1:50 000 anfertigen, die, ausgeführt in galvanisiertem Zinkguss durch den Berliner Gießer Moritz Geiss, vervielfältigt werden konnten. In einem *Prospectus* hieß es, die Modelle würden sich vorzüglich als »Veranschaulichungsmittel bei Vorträgen über Geographie und allgemeine Geognosie« eignen, ebenso für »geologische Museen, polytechnische Anstalten, Bergwerksinstitute und montanistische Vereine«. Die kurz zuvor entwickelte fotografische Technik der Daguerreotypie nutzten die Brüder, um von ihren Reliefs Lichtbilder anzufertigen, die sie zum Verkauf anboten. Ebenso verwendeten sie das neue, publikumswirksame Medium der Stereoskopie, eine Technik, die zwei nebeneinander montierte Bilder durch das Gehirn zu einem einzigen räumlichen Eindruck verschmelzen lässt; dazu erforderlich war ein sogenanntes Stereoskop, im Volksmund »Körpergucker« genannt, das aus zwei Linsen im Pupillenabstand bestand, durch die das Doppelbild betrachtet werden konnte. Die Stereobilder der Reliefs wurden ebenfalls in einem Katalog physikalischen Kabinetten und Besitzern von Stereoskopen zum Kauf empfohlen.

Wie ihr Vorbild Humboldt, der bekannte, er sei von exakten Zahlen besessen, verfolgten die Schlagintweits den fast obsessiven Wunsch, alles zu messen, was gemessen werden konnte. Und es scheint, als hätte ihr Eifer, Daten zu sammeln und zu dokumentieren, jedes vernünftige Maß überschritten. Ein gutes Beispiel dafür ist die seitenlange Darlegung über die Pflanzengeographie in den *Untersuchungen*, in der selbst der »Einfluss der Höhe auf die Dicke der Jahresringe bei den Coniferen« im XX. Kapitel weitschweifig dargestellt und mit Tabellen untermauert wurde. In den einleitenden Bemerkungen hieß es: »Die Beobachtungen, welche wir über das Wachstum der Coniferen in verschiedenen Höhen anstellten, dürften ebenso wie die Untersuchungen über die periodischen Erscheinungen der Pflanzen dazu dienen, einige der allmählichen Veränderungen der Vegetation darzustellen, welche dem gänzlichen Aufhören verschiedener Glieder derselben vorangehen. Unsere Beobachtungen beziehen sich auf die Lärche, die Rottanne, Fichte und die Zirbel oder Arve. Es wurde bei diesen Beobachtungen eine sorgfältige Zählung aller einzelnen Jahresringe angestellt, und aus diesem Umfange der Radius nach der bekannten Formel $\pi = 6{,}2830\,r$ berechnet. Der Radius, dividiert durch die Ringe, ergab die mittlere Dicke einer Jahresschicht. Zur Messung des Umfanges bedienten wir uns einer sorgfältig zubereiteten Messschnur, welche in Zentimeter geteilt war. In vielen Fällen wurden die Ringe von 10 zu 10 durch das Einstecken von Nadeln bezeichnet und die gegenseitigen Abstände derselben mit einem Messingmaßstabe bestimmt, auf welchem noch halbe Millimeter geteilt waren; wir erhielten so eine Reihe von Größen, deren Summe den Radius darstellte, wie er sich durch direkte Messungen an der Oberfläche des Stammes ergibt. Da jedoch derselbe sehr häufig um einige Zentimeter zu groß war (wegen der Unebenheit und der schiefen Stellung der Oberfläche), so musste eine kleine Reduktion der Werte vorgenommen werden. Wäre z.B. der direkt gemessene Radius 43 Zentimeter, der aus dem Umfange gefundene wahre Radius 40 Zentimeter, so erhält man als Korrektion 40 : 43 = 0,93; das heißt, man muss mit 0,93 alle einzelnen Werte der Abstände multiplizieren, um Zahlen zu erhalten, deren Summe dem berechneten wahren Radius entspricht.«

Um ihr wissenschaftliches Streben zu verstehen, kann es helfen, einen Blick in das 19. Jahrhundert zu werfen. Zwischen 1830 und dem Ende der siebziger Jahre entwickelte sich in Deutschland die Industrialisierung. Mit ihr begann ein rascher Aufschwung der mathematischen und empirisch-experimentellen naturwissenschaftlichen Forschung. Ein ungeheurer Wissensdurst erfasste die aufkeimende bürgerliche Schicht. Die wissenschaftlichen Instrumente und Methoden wurden laufend verbessert. In der Vermessungstechnik, zum Beispiel, wurde mit dem Theodoliten ein Universalinstrument geschaffen, mit dem man wesentlich präziser als früher Horizontalrichtungen und Vertikalwinkel messen konnte. Die Fotografie ersetzte die oft mühsame und zeitraubende Anfertigung von Zeichnungen. Andere moderne Instrumente ermöglichten eine genaue Untersuchung der klimatischen Elemente (wie Luftdruck, Wind, Temperatur, Luftfeuchtigkeit), des Aufbaus der Erdkruste, der Bodenschätze, des erdmagnetischen Feldes, der Richtung und Geschwindigkeit von Meeresströmungen oder der physikalischen und biochemischen Vorgänge im Organismus. Bedeutende Vertreter dieser Wissenschaft waren Hermann von Helmholtz und sein Freund Emil du Bois-Reymond. Ihre geistige Welt war weitgehend von der Mechanik geformt. Du Bois-Reymond berichtete einmal Helmholtz, berauscht vom Verhalten des Muskelstroms beim Zusammenziehen, »es ist ein Schauspiel für Götter, den Muskel arbeiten zu sehen, wie den Zylinder einer Dampfmaschine«.

Die technische und geistige Entwicklung ließ auch einen neuen Typ des Forschers entstehen, der – vielseitig gebildet – bestrebt war, das Einzelne genau zu beobachten und aus vielen Einzelheiten ein geordnetes Ganzes zu formen; die »Einheit in der Vielheit«, wie Humboldt es ausdrückte. Mit ihm begann das Zeitalter der großen wissenschaftlichen Forschungsreisen, in dem die weißen Flecken auf den Landkarten wegschmolzen wie Schnee.

Es ist auch das Jahrhundert, in dem der bisher verschwommene Blick auf das rätselhafte Phänomen des Erdmagnetismus geschärft wurde. Das erdmagnetische Feld, das die Erde durchdringt und umgibt, bewirkt, dass die Kompassnadel nicht nach dem geographischen, sondern nach dem magnetischen Nordpol weist. Deshalb war es für die Landvermessung, Kartographie und Navigation auf See überaus wichtig, diese Abweichung, die örtlich und zeitlich variiert, zu kennen. Um diesen neuen Wissenschaftszweig verdient gemacht haben sich zwei Geistesgrößen: Alexander von Humboldt, der bereits in Freiberg an der Bergakademie über und unter Tage sich erdmagnetischen Studien widmete, und der Fürst der Mathematiker, Carl Friedrich Gauß, Professor für Astronomie und Direktor der Sternwarte in Göttingen, der sich ebenfalls mit erdmagnetischen Beobachtungen beschäftigte. Humboldt, der auf seinen Forschungsreisen, in seiner Pariser Zeit und in Berlin eifrig über die Fluktuation des Erdmagnetfelds forschte, schwebte vor, die Erde mit einem Netz geomagnetischer Beobachtungsstationen zu überziehen, um mehr über den, wie er es ausdrückte, »geheimnisvollen Gang der Magnetnadel« zu erfahren.

Im Herbst 1833 wurde im Garten der Sternwarte

in Göttingen nach Plänen von Gauß und seinem jüngeren Kollegen, dem Physiker Wilhelm Weber, ein magnetisches Observatorium fertiggestellt, dessen wichtigstes Instrument das von Gauß entwickelte Magnetometer war. Vereinfacht gesagt funktionierte es wie ein übergroßer Kompass: Ein Magnetstab, ausgerichtet nach dem magnetischen Meridian, war an einem Seidenfaden aufgehängt; seine ganz feinen Schwankungen, die mit freiem Auge kaum wahrnehmbar waren, konnten mit einem Fernrohr oder Theodoliten auf einer Skala abgelesen werden.

Drei Jahre später gründeten Gauß und Weber den Göttinger Magnetischen Verein, der, wie es Humboldt vorschwebte, eine weltweite Kampagne organisierte, um die Schwankungen des Erdmagnetfeldes nach einheitlichen Standards zu messen und auszuwerten. In den folgenden Jahren beteiligten sich zahlreiche über die ganze Welt verteilte Stationen an dem Projekt und lieferten ihre Daten der Deklination, Inklination und Intensität nach Göttingen, wo sie in den von Gauß und Weber herausgegebenen *Resultaten aus den Beobachtungen des magnetischen Vereins* (1837–1843) bekannt gemacht wurden. In der dritten Ausgabe, die 1839 erschien, legte Gauß seine bahnbrechende *Allgemeine*

Theorie des Erdmagnetismus dar, die Humboldt als »unsterbliches Werk« würdigte und die bis heute ihre Gültigkeit hat.

Humboldt bemerkte im ersten Band des *Kosmos*, dass sich »Großbritannien, im Besitz des größten Welthandels und der ausgedehntesten Schiffahrt, keinen Teil an der Bewegung genommen, welche seit 1828 wichtige Resultate für die ernstere Ergründung des tellurischen Magnetismus zu verheißen anfing. Ich war so glücklich, durch eine öffentliche Aufforderung, die ich von Berlin aus unmittelbar an den damaligen Präsidenten der Königlichen Societät zu London, den Herzog von Sussex, im April 1836 richtete, ein wohlwollendes Interesse für ein Unternehmen zu erregen, dessen Erweiterung längst das Ziel meiner heißesten Wünsche war.«

Humboldts Appell fiel bei der Royal Society auf fruchtbaren Boden, tatkräftig unterstützt von der British Association for the Advancement of Science. Edward Sabine, von dem schon die Rede war, als einflussreiches Mastermind, die Astronomen John Herschel und George Airy, der Physiker Humphrey Lloyd und der Cambridge-Professor William Whewell brachten ein wissenschaftliches Projekt in Schwung, das als »Magnetic Crusade« bekannt wurde und das Whewell mit stolzer Begeisterung als »das bei weitem großartigste wissenschaftliche Unterfangen, das die Welt je gesehen« bezeichnete. Und er fügte hinzu: »Als Ergebnis werden wir in wenigen Jahren Kenntnis von der magnetischen Verfasstheit der Welt erhalten.« Der magnetische Kreuzzug begann damit, dass die britische Regierung eine Expedition in die Antarktis anordnete sowie die Errichtung von Beobachtungsstationen auf St. Helena, Van-Diemen's-Land (Tasmanien), in Toronto und auf dem Kap der Guten Hoffnung. Ferner beschloss das Direktorium der East India Company, ähnliche Observatorien in Madras, Bombay, Simla (im Himalaja) und Singapur zu installieren. Captain Charles M. Elliot von den Madras Engineers (einem in Bangalore stationierten Regiment) wurde mit der Leitung des Magnetic Survey of the Eastern Archipelago betraut. Elliot starb unerwartet am 4. August 1852 an Malaria in Masculipatam nahe Madras, worauf die Direktion der East India Company der Royal Society mitteilte, dass sie das Magnetprojekt auf Eis legen werde.

In diesem Jahr, 1852, hätte sich Hermanns und Adolphs Wunsch, die Himalaja-Region zu bereisen, beinahe erfüllt. Friedrich Wilhelm IV., der die beiden durch Humboldt und von einer Audienz kannte (bei der Hermann dem König ein Relief des

Monte-Rosa-Massivs schenkte), machte sich dafür stark, den Schlagintweits eine von Preußen finanzierte Forschungsreise zu ermöglichen. Doch der Kultusminister Karl Otto von Raumer legte sich quer. Er, den der König zutiefst verachtete, hatte vom Berliner Professor für Mineralogie Christian Samuel Weiss ein Gutachten einholen lassen, das den Brüdern ihre wissenschaftliche Kompetenz absprach. Humboldt wurde aufgeboten, den Minister umzustimmen. Er schrieb an Raumer, lobte die »überaus ausgezeichneten und vielbegabten Männer«, ihre »befriedigende Kenntnis des neuesten Zustandes der Wissenschaften« und eine »lang geprüfte Erfahrung in Bergreisen, dazu eine Eigenschaft, die für einen Reisenden von höchster Wichtigkeit ist, Kühnheit und Ausdauer in den Unternehmungen«. Der Kultusminister blieb stur, und der König bekannte sich machtlos. Humboldt, der Raumer »schamlos« und »eine dumme Exzellenz« nannte, war sauer und nicht gewillt, seinen Traum fallenzulassen.

Dass die Company das Magnetprojekt nach dem Tod von Captain Elliot nicht weiter verfolgen werde, erfuhr der preußische Gesandte in London, Christian Karl Josias von Bunsen, der davon umgehend Humboldt unterrichtete. Ein Wink des

Schicksals! Humboldt sah nun die große Chance, seine Protegés, die Schlagintweits, ins Spiel zu bringen. Er konnte den Preußenkönig davon überzeugen, sich finanziell an der Fortführung der geomagnetischen Vermessung in Indien und im Himalaja zu beteiligen, und er schlug dafür Hermann und Adolph Schlagintweit vor, die ja in Londons wissenschaftlichen Zirkeln keine Unbekannten waren. Am 27. Februar 1853 verständigte der Monarch seinen Gesandten, er sei bereit, jährlich 3000 Preußische Thaler über drei Jahre und einen einmaligen Zuschuss für den Erwerb von Büchern und Instrumenten bereitzustellen, wenn die Briten für den Rest aufkämen. Diesen Vorschlag unterbreitete Bunsen dem Leiter des »Magnetic Survey«, Edward Sabine, bei einem Treffen am 18. April 1853. In den darauffolgenden Tagen erstellten sie gemeinsam ein vorläufiges Übereinkommen. Nun ging es Schlag auf Schlag. Bunsen richtete ein formelles Ansuchen an den Präsidenten der Royal Society, William Parsons, in dem er auch die wissenschaftliche Befähigung der Brüder herausstrich. Das wurde gutgeheißen und mit ausdrücklicher Empfehlung an die East India Company weitergeleitet. Deren Direktor William Henry Sykes, der viele Jahre als Militär in Britisch-Indien verbracht hatte, erklärte sich mit dem Plan der Mission einverstanden.

Sie hatten es geschafft! Nun ging es daran, die Details der Mission mit der Company auszuhandeln. Die Brüder verstanden sich als Wissenschaftler im Sinne Humboldts und hatten insgeheim nicht vor, sich nur, wie vorgesehen, mit magnetischen Messungen abzugeben, sondern ihre in den Alpen durchgeführten Untersuchungen über die physikalische Geographie auch in Indien und im Himalaja fortzuführen. Das kam auch in einem Dokument zum Ausdruck, das Adolph, der bereits in London weilte, am 30. März 1854 beim Sitz der Company in Londons Leadenhall Street, dem noblen India House, einreichte. Das Papier mit dem Titel »Proposed operations on the Magnetic Survey in India« enthielt überdies Untersuchungen der Geologie, der Meteorologie, der Gletscher, der Pflanzengeographie und ethnographische Studien. Aufkommende Bedenken an dem ausufernden Forschungsprogramm konnte Adolph geschickt zerstreuen, indem er das Augenmerk auf koloniale Interessen lenkte. Auch der vorgeschlagene ehrgeizige Reiseplan ließ befürchten, dass die Kosten explodieren würden. Trotzdem stimmte die Company dem Vorhaben zu. Sie stimmte auch zu, dass

Bruder Robert als Assistent an der Forschungsreise teilnehmen konnte, allerdings auf eigene Kosten, die auf Fürsprache von Carl Ritter der bayerische König übernahm.

Die Kritik blieb nicht aus. Mehrere wissenschaftliche Autoritäten verfolgten die Pläne der Schlagintweits mit Misstrauen oder wollten sie gar zum Scheitern bringen. Einer, der besonders laut protestierte, war Joseph Dalton Hooker, ein hochgeachteter Botaniker und Freund Darwins, der selbst fast drei Jahre in Nordindien, Sikkim und im Himalaja geforscht und Pflanzen gesammelt hatte (und Jahre später seinem Vater als Direktor der Royal Botanic Gardens in Kew nachfolgte). Er sagte ein Scheitern der Expedition voraus und damit hinausgeworfenes Geld. Der frühere Reisebegleiter Hookers, der erfahrene Botaniker Thomas Thomson, schloss sich der Meinung an, dass »das gesamte Unterfangen viel zu umfassend & teuer« sei. Es wurde auch das Gerücht gestreut, den Brüdern würde es an fachlichen Kenntnissen mangeln. Und in einer der einflussreichsten Zeitschriften für Literatur und Wissenschaft, *The Athenaeum*, wurde polemisiert: »Nicht nur sind die im Dienst der Gesellschaft stehenden Beamten und Offiziere vollkommen befähigt, all jene Arbeiten durchzuführen, mit denen diese Ausländer beauftragt wurden; ein beträchtlicher Teil davon wäre zudem bereits fertiggestellt, hätte die Regierung sie nicht behindert. [...] Die Beschäftigung dieser jungen Preußen wird schwerlich den Glauben an unsere Überlegenheit aufrechterhalten helfen, auf dem die Herrschaft Großbritanniens über Indien beruhen soll.« Die Proteste waren verständlich, ging es doch um ein prestigeträchtiges Projekt, das britische Wissenschaftler ebenso gut, wenn nicht sogar besser, wie es hieß, ausführen könnten. Der Präsident der Royal Geographical Society, Sir Roderick Murchison, widersprach in einem Brief an Hooker: »Ich habe das Gefühl«, schrieb er, »dass hier offensichtlich eine Stimmung gegen die Anstellung von Deutschen vorherrscht, die ich nicht teile; [...] tatsächlich haben wir keine besseren und geeigneteren Männer.«

Die Royal Society sah sich veranlasst, ein Beratungsgremium einzuberufen, das die Vorbereitung der Expedition begleiten sollte. Dazu ausgewählt wurden die »Fellows« Joseph Dalton Hooker, Edward Sabine und kein Geringerer als Charles Darwin. Hooker verlangte vor allem eine Beschränkung der Reiseroute und des wissenschaftlichen Programms; denn würde es beibehalten werden, ätzte er weiter, trüge es die Gefahr des Dilettantismus in sich. Die Brüder, überzeugt, über sich selbst hinauszuwachsen, widersprachen den vorgebrachten Einwänden, und die Direktion der East India Company hielt an ihrer großzügigen Zusage fest. Adolph bedankte sich bei Sabine, Sykes und Murchison für ihr Vertrauen, er und seine Brüder seien stolz und glücklich, einen bescheidenen Teil zur Vermessung der Welt beitragen zu können.

Zu diesem Zeitpunkt bestand die East India Company bereits seit mehr als zweihundertfünfzig Jahren. Gegründet worden war sie von einer Gruppe Londoner *Merchant Adventurers,* vermögender Kaufleute, die ihr Geld damit verdienten, dass sie in Handelsgeschäfte investierten. Ein Freibrief *(Royal Charter)* von Königin Elisabeth I. garantierte ihnen das alleinige Recht, mit Ostindien maritimen Handel zu treiben. Beflügelt war ihr Unternehmungsgeist von Gier nach Profit, den sie sich zunächst vom einträglichen Gewürzhandel, den die Niederländer und Portugiesen kontrollierten, erwarteten.

Im Lauf der Jahre konzentrierte sich das Interesse der Company mehr auf den indischen Subkontinent. Mit diplomatischem Geschick gelang es, ein Übereinkommen mit dem Mogulkaiser

Jahangir, dessen Reich sich über siebzig Prozent Indiens erstreckte, zu treffen, das den Briten das Recht einräumte, sich in Surat, einer Hafenstadt nördlich von Bombay, und anderen Gegenden niederzulassen. Fortan segelten Schiffe an die Themse, beladen mit Gewürzen, Kautschuk, Zucker, Rohseide und Baumwollmusselin, Waren, die enorme Erträge abwarfen. Als Gegenleistung versorgte die Company den muslimischen Herrscher mit Waren und Luxusgütern aus Europa. Ein halbes Jahrhundert nach der Gründung verfügte die Company bereits über dreiundzwanzig Handelsposten. Jahre später wurde sie von der britischen Krone mit weiteren Privilegien ausgestattet, wie selbstständig Territorien zu erwerben, Festungen zu errichten, Kriege zu führen und in den beherrschten Gebieten die Gerichtsbarkeit auszuüben sowie Steuern zu erheben.

So begann der irreversible Prozess, der 1757 die Eroberung Indiens einleiten sollte: Im April 1756 starb Alivardi Khan, der muslimische Provinzgouverneur *(Nawab)* von Bengalen, in der Hauptstadt Murshidabad. Ihm folgte sein Neffe Siraj-ud-Daulah als *Nawab* nach. Dieser argwöhnte, die Briten würden seine politische Macht untergraben und das reiche und fruchtbare Bengalen zu unterwandern versuchen. Als nun die Company begann, ihr Fort William in Kalkutta auszubauen und mit Kanonen aufzurüsten, verlangte der *Nawab* die sofortige Einstellung der Arbeiten. Die Briten lehnten ab. Daraufhin überfielen seine Truppen im Juni 1756 Kalkutta und das Fort William, in dem sich auch die Faktorei befand, und setzten Soldaten und Zivilisten, die nicht flüchten konnten, in einem Verlies (dem legendären »Black Hole«) gefangen, was viele nicht überlebten. Ein paar Monate später gelang die Rückeroberung Kalkuttas ohne große Verluste. Doch die Briten sannen auf Vergeltung. Eine Verschwörung von unzufriedenen lokalen *Rajas* gegen den *Nawab* nützte Colonel Robert Clive, Kommandeur der Streitkräfte der Company, geschickt aus, indem er den Stabschef von Sirajs Armee, Mir Jafar, der scharf auf den Gouverneursposten war, bewog, die Seiten zu wechseln. So war die unvermeidliche Schlacht, die am 23. Juli 1757 bei Plassey am Ufer des Bhagirathi-Flusses stattfand, schon vorher entschieden; Clive und seine Truppen besiegten, eben durch Verrat, die Übermacht des *Nawab*. Damit war die Voraussetzung für die britische Herrschaft über Bengalen geschaffen.

Von ihren Hafenstützpunkten Kalkutta, Madras und Bombay dehnte die Company nun ihre Kontrolle über weite Teile Indiens, letztendlich über den gesamten Subkontinent aus; eine eigenständige Kolonialmacht, eigentlich ein Staat im Staate, mit einem gut funktionierenden Beamtenapparat und einer schlagkräftigen Streitmacht (in der überwiegend indische Soldaten, sogenannte Sepoys, dienten). Diese gewaltige territoriale Expansion verlangte geradezu, sich kolonial nutzbares Wissen über geographische Gegebenheiten, die Bevölkerung, ihre Sprachen und die vorhandenen Ressourcen anzueignen. Zudem förderte die Company, stets auf eigene Vorteile bedacht, wissenschaftliche Projekte. Eines der größten Vorhaben jener Zeit startete zu Beginn des 19. Jahrhunderts, der Great Trigonometrical Survey of India, ein groß angelegtes trigonometrisches Vermessungsprogramm, das den weitgehend noch unbekannten Subkontinent kartographisch erschließen sollte.

Ein solcher Survey, der Magnetic Survey, war es, der den Brüdern Schlagintweit die Ehre verschaffte, Her Majesty und der mächtigen East India Company zu dienen. Sowohl die Erwartungen als auch die Befürchtungen waren groß.

Alle Vorbereitungen für die Expedition nach Indien und Hochasien waren getroffen. Die Brüder hatten die verfügbare einschlägige wissenschaftliche Literatur über Hochasien studiert. Humboldt hatte ihnen ans Herz gelegt, den noch unbekannten Verlauf der Gebirgsketten zu erkunden und nach den Hauptwasserscheiden zu suchen. Die wissenschaftlichen Instrumente, die in London, Paris und Berlin angeschafft wurden, waren sorgfältig verpackt – insgesamt 305: Theodolite, Chronometer, Barometer, Hypsometer (Siedethermometer), Thermometer, Hygrometer, Klinometer (Neigungsmesser), Cyanometer, Pedometer (Schrittzähler), Sextanten, Verdunstungsmesser, Teleskope, Mikroskope, Kompasse; für die magnetischen Messungen: Universal-Magnetometer, Deklinatorien (Deklinationsbussolen) und ein Troughton-Theodolit mit Magnetnadel; sowie bereits eine fotografische Ausrüstung im Gewicht von zweihundert Kilo, Kameras von Voigtländer (Braunschweig) und Horne, Thornthwaite & Wood (London), außerdem Stative und ein Dunkelkammerzelt.

Ein letztes Mal besuchte Hermann den 85-jährigen Humboldt in der Oranienburger Straße, um Abschied zu nehmen. In seinem Reisewerk erinnerte er sich: »Der Gedanke, den rüstigen, aber doch so hoch bejahrten Freund nach jahrelanger

Abwesenheit nicht mehr wiederzusehen, lag so nahe, daß hiedurch die letzten Stunden ungewöhnlich ernst gestimmt wurden, und doch waren seine letzten Worte: in Europa solle man eigentlich nie Abschied nehmen, sondern nur auf Wiedersehen sagen, denn, ehe man von der Küste fern, könne man sich wohl noch einmal durch Verzögerung begegnen, und was bliebe dann zu sagen übrig?«

Kurz vor der Abreise der Brüder erreichte sie ein Brief von Humboldt, adressiert an Hermann und Adolph: »Ich hatte diese Nacht, wo ich 4 lange, warme und listige Briefe für Sie schrieb [gemeint waren Empfehlungsschreiben], meine liebenswürdigen, teuren Freunde, nicht Muße gehabt, Ihnen ein Wort der Liebe, des Andenkens, der innigen Achtung und des ewigen Abschieds zu sagen. Unter allen Dingen, zu denen ich mitgewirkt, ist Ihre Expedition nun eine der wichtigsten geblieben. Es wird mich dieselbe noch im Sterben erfreuen. Sie werden genießen, was zwischen der Rückkunft von Mexico und der Sibirischen Reise ununterbrochen meine Phantasie beschäftigt hat. Möge es Ihnen wohl gehen.«

Am 20. September 1854 schifften sich die Schlagintweits in Southampton auf dem Dampfer *Indus* ein. Die Reise führte zunächst über Gibraltar nach

Alexandria, dann zu Wasser durch das Nildelta nach Kairo; weiter auf einem zweirädrigen gedeckten Karren, der von sechs Pferden gezogen wurde, durch die Wüste bis Suez (der Kanal zwischen Mittelmeer und dem Roten Meer befand sich noch im Planungsstadium); in Suez bestiegen sie den luxuriös ausgestatteten Raddampfer *Oriental,* der sie durch das Rote Meer nach Aden brachte. Die letzte Etappe nach Bombay legten sie auf dem weniger komfortablen Kriegsschiff *Auckland* zurück, das am 26. Oktober im Hafen festmachte. Schon während der Reise taten die Brüder, was sie immer taten – sie maßen und notierten: Temperatur, Luftfeuchtigkeit, Luftdruck, das spezifische Gewicht des Meerwassers, seine Durchsichtigkeit, Farbe und seinen Salzgehalt, sie beobachteten das Meeresleuchten bei Tag und Nacht. Das ging so weit, dass Hermann, als sich die Passagiere an Bord des Raddampfers über zu warmen Champagner beklagten, ein Thermometer holte und es demonstrativ in sein Glas tauchte: 28 Grad Celsius.

Als die Schlagintweits im Hafen von Bombay von Bord gingen, betraten sie eine ihnen fremde Welt. Ein heilloses Durcheinander von gestikulierenden und schreienden Menschen, die sich zwischen herumliegenden Kisten, Körben, Bündeln und Säcken drängten, empfing sie. Es war heiß, in der Luft hing ein betäubender Geruch von Gewürzen, Tang und Urin. Männer in bauschigen *Dhotis,* dem traditionellen Beinkleid, und flatternden *Kurthas,* Nachthemden gleich, Frauen in bunten, kunstvoll um den Körper gewickelten *Saris* mit klimpernden Reifen um Arme und Knöchel, abgezehrte *Sadhus,* heilige Männer, in safrangelben Lendenschurzen, das verfilzte Haar zu Knoten gebunden, halbnackte Bettler, die, um Bakschisch heischend, ihre verstümmelten Gliedmaßen zur Schau stellten. Die Herren aus München erwartete ein vielschichtiger Kosmos voller Rätsel und Widersprüche, in dem unterschiedliche Religionen und ungezählte Gottheiten, die durch Anbetung, Verehrung und Opfergaben gnädig gestimmt werden, das Leben bestimmen. An die Seelenwanderung und Wiedergeburt glauben Hindus; Muslime berufen sich auf den Koran, Allahs unfehlbares Wort; das angestrebte Ziel der Buddhisten ist die Loslösung aus dem Zyklus der Wiedergeburten und das Eingehen ins Nirwana; Jainas hängen der Lehre der Gewaltlosigkeit und Achtung aller Lebewesen an; Sikhs lehnen die Götteridole und das Kastenwesen ab und betrachten alle Menschen als gleich. Ferner die Parsen, eine in Gesellschaft und Wirtschaft einflussreiche ethnische und religiöse Minderheit, die ursprünglich aus Persien vor der Islamisierung nach Indien geflohen waren. Sie sind Anhänger der Lehre Zarathustras, des altiranischen Religionsstifters, und verehren die Naturelemente Feuer, Wasser, Erde und Luft, die als heilig gelten und nicht verunreinigt werden dürfen. Daher werden Verstorbene weder beerdigt noch verbrannt, sondern auf Rosten aufgebahrt, den Raubvögeln zum Fraß überlassen. Hermann besuchte und zeichnete mehrere dieser Begräbnisstätten, Türme des Schweigens genannt, auf dem Malabar Hill und berichtete, dass rings um die Türme die »übersättigten« Aasgeier träge auf Bäumen und Palmen hockten.

Die Ersten, die zu Beginn des 16. Jahrhunderts im natürlichen Hafen der Insel Bombay vor Anker gingen, waren Portugiesen, die sie Bom Baía (gute Bucht) nannten. 1534 trat der Herrscher des Sultanats Gujarat, Bahadur Shah, Bom Baía und die Nebeninseln im Vertrag von Bassein an Portugal ab. 1661 gelangte die Insel durch die Heirat zwischen dem englischen König Charles II. und der portugiesischen Infantin Katharina von Braganza als Mitgift in englischen Besitz. Der König überließ die Insel der East India Company, die fortan anglisiert Bombay hieß und ihr Verwaltungssitz wurde.

Bombay war ursprünglich eine von sieben Inseln vor der Westküste im Arabischen Meer, die durch Landgewinnung zu einer einzigen lang gestreckten, schmalen Insel zusammengewachsen waren, verbunden mit dem Festland durch eine Brücke. An der Südspitze der Insel, auf der östlichen Seite der Back Bay, ließ die Company im letzten Drittel des 18. Jahrhunderts eine riesige Verteidigungsanlage, das Fort George, aus schwarzen Basaltquadern errichten. Nördlich vom Fort befand sich das Government House, Residenz von Lord Elphinstone, Gouverneur der Präsidentschaft Bombay. Der 13th Lord schottischer Abkunft war Captain bei den Royal Horse Guards, er verließ das Regiment 1837 und wurde Gouverneur von Madras. Es ging damals das Gerücht um, die junge Queen Victoria hätte sich in den schneidigen Kavalleristen verliebt; das sei, so hieß es, der wahre Grund gewesen, Elphinstone nach Indien zu beordern. Seit Oktober 1853 residierte er in Bombay. Die Brüder hatten mehrmals Gelegenheit, mit Elphinstone zusammenzutreffen; von ihm erfuhren sie Näheres über die Himalaja-Region Kaschmir, die Elphinstone nach dem Sieg der Briten über die Sikhs im Pandschab als einer der Ersten bereist hatte.

In Bombay unternahm Robert erste Versuche mit der Fotografie. Ein Motiv war die Westseite des Forts, die er von Malabar Point an der Back Bay auf eine Kollodium-Nassplatte bannte; auch Gouverneur Elphinstone war bereit, für eine Porträtaufnahme einige Minuten, der langen Belichtungszeit wegen, stillzusitzen (die Aufnahme ging verloren). Das Kollodium-Nassplatten-Verfahren war genauso kompliziert, wie es klingt. Die Bildwirkung basierte auf einer belichteten und entwickelten jod- und bromsilberhaltigen Kollodiumschicht auf Glas. Das Glasnegativ zeigte die hellen Teile dunkel und die dunklen hell; hinterlegte man es mit schwarzem Papier oder Samt, so erschien es als Positiv. Später, in Sikkim, musste Hermann auf das noch umständlichere fotografische Verfahren der Daguerreotypie (mit spiegelglatt polierten Metallplatten, die durch Joddampf lichtempfindlich gemacht wurden) ausweichen, da einer seiner Diener die Flaschen mit dem Kollodiumvorrat zerbrach. Insgesamt haben die Schlagintweits während ihrer Reisen an die 400 fotografische Bilder aufgenommen, vor allem ethnographische Motive, aber auch Architektur- und Landschaftsaufnahmen.

Dezember 1854: Der Aufbruch konnte sich sehen lassen. Zwanzig Dromedare waren mit der Ausrüstung, den schweren Zelten, dem Proviant und dem persönlichen Gepäck beladen, die von einem Karawanenführer und elf Treibern begleitet wurden. Die Brüder, ihre Führer und Diener ritten auf Pferden, die von Knechten betreut wurden. In Gegenden, wo es zu wenig Heu gab, wurde zudem ein sogenannter *Ghasvala,* ein Grasschneider, angeworben. Alle besonders empfindlichen Instrumente, die durch den wiegenden Gang der Kamele gefährdet gewesen wären, wie Barometer, Chronometer oder Thermometer, waren in mit Baumwolle gepolsterten Kisten verpackt, die jeweils zwei Lastträger auf langen Bambusstangen transportierten.

Das Begleitpersonal der Schlagintweits war je nach Reiseroute sehr unterschiedlich, sowohl sozial, religiös als auch ethnisch. Immer dabei waren Träger, »Kulis«, die jeweils entlang der Strecke angeworben wurden. Die wichtigsten Begleiter aber waren qualifizierte, sprachkundige Assistenten, die den Brüdern von der Armee zugeteilt wurden und die maßgeblich am Gelingen der Mission beteiligt waren. In Bombay waren es Eleazar und Salomon, beide jüdischer Abstammung, die im Generalquartiermeisterstab in Dienst standen. Salomon, dem die Reise zu beschwerlich wurde, entschloss sich bereits in Madras, die Reisegruppe zu verlassen und nach Bombay zurückzukehren. Eleazar war während der gesamten Expedition, also von Herbst 1854 bis Mai 1857, für Adolph und Robert ein »excellent guide«; er hatte die Oberaufsicht über den Transport der Instrumente und Sammlungen und führte außerdem selbstständig Vermessungsarbeiten durch.

Im Februar 1855 stieß ein Schreiber und Kartenzeichner im Generalstab von Madras, der Moslem Abdul, zu der Reisegruppe. Dank seiner Fähigkeiten ernannte ihn Hermann zu seinem zweiten Assistenten. Er war militärisch ausgebildet und in der Darstellung geographischer Örtlichkeiten gut bewandert. Abdul unternahm auch unabhängig von den Brüdern längere, teils risikoreiche Reisen, auf denen er wissenschaftliche Beobachtungen aufzeichnete, wichtige Informationen und Artefakte sammelte. Abdul starb im April 1857, fast am Schluss der Expedition in Kalkutta, an den Folgen der Ruhr.

Als ersten Assistenten engagierte Hermann im März 1855 Lieutenant Adams aus Kalkutta (von dem nicht mehr bekannt ist). Er war Hermanns Reisegefährte in Bengalen, Sikkim, in den Khasia-Bergen und in Assam. Danach beauftragte ihn Hermann häufig, selbstständig Routen zu erkunden und Beobachtungen anzustellen, oft gemeinsam mit Zeichner Abdul. Adams war noch bis März 1858 mit der Aufarbeitung des Materials beschäftigt, als die Brüder bereits längst in Berlin waren.

Zwei weitere Assistenten kamen im April 1855 dazu: der »Native Doctor« Harkishen, ein medizinisch ausgebildeter Brahmane im Rang eines Unteroffiziers, der zuvor in einem britischen Krankenhaus in der Stadt Almora an den südwestlichen Hängen des Himalaja gearbeitet hatte. Er war »chief assistant« von Adolph und Robert und zeichnete sich durch Eifer, sorgfältige Arbeit und Beobachtungsgabe aus. Innerhalb der Reisegruppe übernahm er wichtige Funktionen; er wachte über die von religiösen Speiseregeln geprägte Verpflegung des Begleittrosses und versorgte verletzte Begleiter. Ferner oblag ihm die Aufsicht über jene Sammler, die umfangreiches Pflanzenmaterial zusammentrugen, und er half bei der Etikettierung der ethnographischen Objekte.

Der andere war Mr Monteiro, ein Indo-Portugiese, der als Chef über alle Sammler wachte und die zoologischen Fundstücke betreute. »Gewöhnlich blieb er«, schrieb Hermann, »wenn wir größeren Routen zu folgen hatten, an solchen Plätzen zurück, wohin wir die gesammelten Gegenstände zum Präparieren und Verpacken senden konnten.«

Neben den Assistenten war »bei der indischen Art zu Reisen«, je nach Provinz und Route, eine größere Dienerschaft unerlässlich; zuständig für Zeltaufbau, Wachdienst, Wasserholen, Kochen oder als Fackelträger und Wäscher. Der einzige Diener, der von Beginn an bis zum Ende der Reise die Brüder begleitete, war Hermanns zuverlässiger »chief servant« Dhamji, ein Parse aus Bombay, der auch stets bemüht war, Streitigkeiten unter den Leuten mit salomonischer Weisheit zu schlichten.

Von Bombay machten sich die Brüder in südöstlicher Richtung auf den Weg. Die Tage waren heiß. Um die kühlere Nacht zu nützen, brach der Karawanenführer mit den Kamelen und Trägern schon am Abend auf. Als es am Himmel zaghaft dämmerte, folgten die Brüder und ihre Begleiter auf Pferden und kamen dann meist gegen zehn Uhr vormittags bei dem neuen Lagerplatz an, wo bereits die notwendigen Vorbereitungen getroffen und die Zelte aufgestellt waren. Teils auf unterschiedlichen Routen überquerten sie das Dekkan-Plateau, ein gewelltes, trockenes Tafelland, und erreichten Mitte Februar 1855 Madras an der Koromandelküste.

Nach kurzem Aufenthalt verließen die Brüder mit ihren Helfern Madras auf dem Dampfschiff *Bengal*, das drei Tage später auf der Reede von Kalkutta im Gangesdelta vor Anker ging. Der Name der Stadt geht auf ein Fischerdorf namens Kalikata am Ufer des Hugli, eines Mündungsarms des Ganges, zurück, das erstmals Ende des 15. Jahrhunderts in der bengalischen Literatur auftauchte. Der Name hatte mit der Göttin Kali zu tun, einer furchterregenden Göttin, die mit blutig rotem Mund, aufgelöstem flammenähnlichem Haar, einer Halskette aus Totenköpfen und einem Gürtel abgeschlagener Arme dargestellt wird. Im August 1690 verlegte die East India Company ihre Faktorei aus strategischen Gründen vom West- ans Ostufer in das Dorf Sutanuti. Jahre danach erwarb sie die Nachbardörfer Kalikata und Gobindapur und legte schließlich alle drei zusammen zu Calcutta. Die Company ließ am Ufer des Hugli eine mächtige Befestigungsanlage errichten, das Fort William, benannt nach William III., König von England und Irland. Um vor Angriffen geschützt zu sein, befanden sich innerhalb der Wehrmauern das Governor's House, die Faktorei, Magazine, Militärbaracken und Unterkünfte der Zivilbeamten. Wie bereits dargelegt, eroberte 1756 die Streitmacht des muslimischen Provinzgouverneurs die Stadt und das Fort. Ein Jahr später kam es deshalb zur Schlacht bei Plassey, aus der die Truppen der Company als Sieger hervorgingen. Hierdurch wurde der letzte nennenswerte Widerstand in Bengalen überwunden. Hundert Jahre später, 1857, kam es zum Aufstand der Sepoys, der eingeborenen Soldaten der britischen Indien-Armee, der mit unvorstellbarer Grausamkeit niedergeschlagen wurde. Als Auslöser gilt gemeinhin die Einführung des Enfield-Gewehrs, dessen Papierpatronen gerüchteweise mit einer Mischung aus Rindertalg und Schweinefett behandelt waren. Die Patronen mussten von den Schützen vor dem Laden mit den Zähnen aufgebissen werden – unvorstellbar für Hindus, denen die Kuh heilig ist, aber auch für Moslems, denen das Schwein unrein ist. Nach dem Gemetzel wurde die East India Company aufgelöst, da die britische Regierung in deren Praktiken bei der Behandlung der indischen Bevölkerung die Hauptursache für den Aufstand sah. Ihre Besitzungen und ihr Vermögen gingen über auf die neu gegründete Kronkolonie Britisch-Indien, und Kalkutta wurde ihre Hauptstadt (bis 1912).

Die Schlagintweits wurden von Konsul Schiller und Georg von Liebig, einem Mediziner im Dienst der Company, eingeladen, während ihres Aufenthalts in deren stattlichem Haus Nummer 3 am Fairlie Place im Zentrum zu wohnen. »Wir hatten die herzliche Aufnahme bei unseren Landsleuten um so höher zu schätzen«, erwähnte Hermann, »da wir überdies durch die Zahl unserer Begleiter und durch unsere Sammlungen mehr als gewöhnliche Unruhe in ihr Haus bringen mussten.« Kalkutta war damals die reichste, größte und eleganteste koloniale Stadt Indiens, man nannte sie City of Palaces. Das monumentalste Bauwerk war das Government House, ein Palast im neoklassizistischen Stil mit barocken Elementen, der nach vier Jahren Bauzeit 1803 fertiggestellt wurde und eine immense Summe Geld verschlungen hatte. Auftraggeber war Generalgouverneur Lord Wellesley, dem sein bisheriges Quartier, das noble Belvedere House, nicht herrschaftlich genug war; seiner Ansicht nach könne Indien nur von einem Palast aus regiert werden, und der konnte sich sehen lassen: Die Haupteingangsseite bildete ein Portikus, an den sich beiderseits geschwungene dreigeschossige Seitenflügel anschlossen; auf insgesamt 7800 Quadratmetern verteilten sich unzählige Zimmer, Salons, Repräsentationsräume und Wandelhallen, opulent ausgestattet mit kostbaren Möbeln und Gemälden. Hunderte Lakaien und Gärtner hielten Palast, Rasen, Hecken und Blumenbeete in Schuss. Andere patrouillierten mit Fahnen an langen Bambusstäben rund um das Gebäude und verscheuchten die Tauben. Zwei Jahre später zog sich der brillante, aber selbstherrliche Administrator Wellesley den Unwillen der Company zu und kehrte nach England zurück.

Eines der wichtigsten Büros, das die Brüder aufsuchten, war jenes der indischen Landvermessung. Ihr Leiter, Captain Henry Thuillier, versorgte sie mit den neuesten Kartenwerken, topographischen Daten und wichtigen Informationen, aber auch mit hochwertigem Schreib- und Zeichenmaterial, das sonst nicht zu bekommen war, sowie mit einer Menge Notizbüchern in Folio, die sie für ihre Aufzeichnungen, Kartenentwürfe und Skizzen gut gebrauchen konnten.

Im Büro des Survey lernten die Brüder auch Radhanath Sikdar kennen, jenen indischen Mathematiker und *Chief Computor*, der während der Vermessungsarbeiten der Himalaja-Kette von

Nordindien aus (weil Nepal den Zutritt verwehrt hatte) nach Berechnung diverser Peilungen 1852 zum Schluss kam, dass der bisher als »Peak XV« bezeichnete Gipfel mit 29 002 Fuß (8840 Meter) der höchste Berg der Welt sei, der später nach dem langjährigen Leiter des Survey, George Everest, benannt wurde.

In Kalkutta, und auch später, führten die Brüder anthropologische Studien durch, um »Individuen indischer Racen« zu vergleichen. Sie besuchten Gefängnisse, wo ihnen gestattet wurde, Häftlinge zu fotografieren und von ihnen Gesichtsmasken abzunehmen. Eine höchst unangenehme Prozedur. Die Betroffenen mussten sich flach auf den Rücken legen, man steckte ihnen angefeuchtete Papierröhrchen in beide Nasenlöcher, ließ sie die Augen schließen und verteilte mit einem Spachtel zwei bis drei Kilo Gipsmasse auf ihrem Gesicht. Nun mussten sie eine halbe Stunde regungslos verharren, bis die Gipsform getrocknet war und abgenommen werden konnte. Die Gipsabdrücke von Lebenden, erklärte Hermann einmal, hätten den Vorteil, dass sie nicht den »Ausdruck des Todes« zeigten. Die »ethnographischen Köpfe«, die vervielfältigt werden konnten, waren zum Verkauf an Museen und Universitäten vorgesehen.

Andere Häftlinge wurden von Kopf bis Fuß penibel vermessen und die Daten in Vordrucke eingetragen. Greifen wir ein solches Formblatt heraus: Mann, 53 Jahre alt, Körpergröße 1,60 Meter, Gewicht 62 Kilo; sein Mund ist 5,4 Zentimeter breit, sein Ohr 6,5 Zentimeter lang, die Hand 16,1, der Fuß 21,6, der innere Augenabstand 3,1 und so fort. Anthropometrische Untersuchungen in den Kolonien waren zu dieser Zeit (und auch später) durchaus üblich. Eine Klassifizierung, die als scheinbar wissenschaftliche Grundlage für rassische Diskriminierung herhalten musste.

Darüber hinaus sammelten die Brüder auf den verschiedenen Routen menschliche Gebeine. In Kalkutta erhielt Hermann, wie er angab, vom Vorstand des Native-Hospitals, Doktor Webb, aus dessen anatomischem Fundus eine größere Anzahl Schädel und Skelette von »Hinduracen«, die ihm deshalb so wichtig waren, weil die Hindus üblicherweise ihre Leichen verbrennen. Sie schreckten auch nicht davor zurück, frische Gräber von Moslems und Buddhisten zu plündern, um sich »gut conservirte Skelette« zu verschaffen. Eine höchst unappetitlich anmutende Geschichte berichtete Hermann aus Assam, aus den Khasia-Bergen, wo er sich nach seinem Besuch in Sikkim aufhielt. Es war nach der Regenzeit eine verheerende Choleraseuche ausgebrochen, die so viele Opfer forderte, dass man nicht wusste, wohin mit den Leichen; also warf man sie in eine Schlucht. Hermann konnte nicht widerstehen: »Es gelang mir, mit großer Vorsicht, in diesem grauenerregenden Leichenlager, obwohl es von ungewöhnlich dichtem Pflanzenwuchse bereits überwuchert war und deutlich auch die Spuren zahlreicher Raubtiere erkennen ließ, noch mehrere für die Sammlung ganz gut erhaltene Objekte zu finden, nicht nur Schädel, sondern auch eine männliche Leiche, von welcher das ganze Skelett zusammengestellt werden konnte.«

Nach einem dreiwöchigen Aufenthalt in Kalkutta trennten sich die Brüder. Adolph und Robert reisten in nordwestlicher Richtung über Patna, Benares, Allahabad (am Zusammenfluss von Ganges und Yamuna) und die britische Garnison Kanpur nach den Himalaja-Provinzen. Hermann verließ am 5. April 1855 Kalkutta und erreichte auf nördlicher Route nach zwei Wochen die britische *hill station* Darjeeling, von wo aus er weitere Streifzüge in Sikkim unternahm (von denen wir später berichten werden).

Adolph und Robert kamen Mitte April in Naini

Tal in der Grenzregion zu Tibet und Nepal, Kumaon (im heutigen Bundesstaat Uttarakhand), an und schlugen hier, mit Blick auf die schneebedeckten Himalaja-Gipfel, ihr Standquartier auf. Der Ort liegt auf etwas über 2000 Metern Seehöhe, inmitten von dichten Salwäldern *(Shorea robusta)*, Emodi-Kiefern *(Pinus roxburghii)* und immergrünen Rhododendrenbüschen mit üppiger rosa Blütenpracht, an einem grünlich schimmernden Kratersee. Die Briten, genauer die East India Company, beherrschten das Gebiet seit dem siegreichen Krieg gegen das Königreich Nepal, bei dem das Gurkha-Regime durch den Vertrag von Sugauli im März 1816 die Territorien Kumaon und Garhwal (aber auch Sikkim, einschließlich Darjeeling) verloren hatte.

Wie es der privilegierten Stellung der Brüder entsprach, hatten sie die Strecke von Kalkutta nach Naini Tal teils in einer Art Sänfte zurückgelegt, die auf den Schultern von Kulis der *Shudra*-Kaste, der niedrigsten, im Laufschritt getragen wurde; diese wechselten sich mit anderen Trägern ab, die nebenherliefen. Die Sänfte bestand aus einem leichten Kasten aus Holz, der innen mit einer Matratze und Kissen ausgestattet war. Auf der Great Trunk Road, dem Hauptverbindungsweg zwischen Kalkutta und Kabul, benutzten sie zudem eine vierrädrige Pferdekutsche. Die Assistenten von Adolph und Robert, der Anglo-Inder Mister Daniel (der nur von Kalkutta bis Kumaon und Garhwal engagiert wurde) und Eleazar, reisten mit der Ausrüstung und dem Gepäck auf der Great Trunk Road weniger komfortabel Tag und Nacht mit einem *Government bullock train,* der aus mehreren robusten Karren mit wuchtigen Holzrädern bestand, die von Buckelrindern gezogen wurden; sie kamen erst einen Monat später in Naini Tal an.

Das gemeinsame Ziel war Milam am nördlichen Ende des Gori-Tals, durch das damals eine vielbegangene Handelsroute nach Tibet führte. Robert brach am 17. Mai mit den Zelten und dem größten Teil der Instrumente von Naini Tal auf und erreichte in zwei Tagesmärschen Almora, den Hauptort der Region Kumaon. »Der allgemeine Eindruck Almoras«, bemerkte Hermann, »mit einer hübschen zentralen Straße, in der sich ein Fort und die Basare befinden, ist ungewöhnlich freundlich, gehoben sowohl durch den Hintergrund einer üppigen Vegetation als auch durch eine in diesen Gebieten ziemlich seltene Reinlichkeit. Tempel sind sehr zahlreich, aber klein und ohne architektonischen Wert.« Vor einem dieser Tempel, unter dem dichten Blätterdach eines Banyanbaums *(Ficus indica)* hockten nackte, aschebeschmierte Sadhus, Wanderasketen, im Kreis, jeder vor sich einen Bettelnapf, beobachtet von einer Schar aufdringlicher Hanuman-Languren *(Presbytis entellus)* mit schwarzen Gesichtern und langen Schwänzen.

In Almora hatte im April 1815 eine entscheidende Schlacht in dem erwähnten Gurkha-Krieg stattgefunden, bei der die Briten mit ihrer Artillerie die Mauern der Befestigung zertrümmerten, worauf sich die Streitmacht der Gurkhas ergab. Nach Beendigung des Kriegs wurde Captain William Spencer Webb im Rahmen des Trigonometrical Survey mit der Vermessung von Kumaon und dem östlichen Garhwal betraut, während sein Offizierskollege John Anthony Hodgson mit seinem Vermessungstrupp das westliche Garhwal und die Gebirgsregionen zwischen den Flüssen Ganges, Yamuna und Satluj kartographisch aufnahm. Die reichhaltigen Wegbeschreibungen und topographischen Aufzeichnungen der beiden Vermessungsoffiziere waren den Brüdern durch den Geographen Carl Ritter bekannt, der Hodgsons Arbeiten in seinem Werk *Die Erdkunde von Asien* (1833) verarbeitet hatte: »Sie entschleiern«, schrieb Ritter, »eine große *Terra incognita* und stellen diese Indische

Alpenlandschaft, gleich bei der ersten Entdeckung, in ihren wahren Gestalten und Umrissen hin, wie dies bei keiner der anderen Gegenden der Erde, denen ein so grandioser Natur-Charakter zusteht, der Fall war.«

Adolph und sein Tross marschierten ebenfalls nach Almora, wählten aber dann den Weg nordwärts durchs Tal des Pindari nach Khati, der letzten Ansiedlung. Auf dem Weg dorthin schrie plötzlich ein Träger aufgeregt: »Baagh, Baagh!« Unter mannshohen Disteln, die den Pfad überwucherten, hatte er einen frischen Haufen Tigerkot entdeckt. Die Anwesenheit von Tigern in den dschungelartigen Wäldern war nicht ungewöhnlich, aber doch eine allgegenwärtig drohende Gefahr. Die Träger setzten angstvoll ihre Last ab und begannen brüllend Steinbrocken in das Bambusdickicht zu schleudern. Aber nur ein prächtiger Himalaja-Fasan mit Federkrone flog schwerfällig auf, sonst rührte sich nichts. Adolph drängte, die Tragkörbe wieder aufzunehmen und weiterzumarschieren.

Noch in Naini Tal hatte Adolph gehört, dass vor fünfundzwanzig Jahren der oberste Zivilbeamte von Kumaon, George William Traill, aus dem Pindari-Tal über einen hohen Gletscherpass in das östliche Tal des Gori gelangt sei, wobei er unter extremer Schneeblindheit gelitten habe. Adolph überlegte, diese Route zu nehmen, um den Gletscher zu erforschen. Nur: Wer würde bereit sein, ihn zu begleiten, wer kannte den Weg? Dreißig Hirten aus Khati waren bereit, unter der Bedingung guter Bezahlung und einer reichen Opfergabe für die Göttin Nanda, als Träger mitzugehen, darunter auch ein älterer Mann namens Malak Singh, der, wie er sagte, schon den Commissioner Traill begleitet habe und den Weg, der allerdings schwierig sei, kenne. Adolph versprach, alle Forderungen zu erfüllen, und um den Trägern die Furcht vor Schneeblindheit zu nehmen, verteilte er durchscheinende Gazestreifen zum Schutz der Augen.

Über einen Hirtensteig, der durch scharfkantiges Geröll das Gehen erschwerte, erreichte die Gruppe am 29. Mai abends Klein-Martoli, einen Sommerweideplatz für Schaf- und Ziegenherden, der mit mannshohem Sauerampfer und violett blühendem Heidekraut dicht bedeckt war und sich unmittelbar am unteren Ende des von schroffen Felswänden und eisgepanzerten Gipfeln umgebenen Pindari-Gletschers ausbreitete. Der nach Süden strömende Gletscher gehört zur Nanda-Devi-Gruppe, deren höchste Spitze die 7816 Meter hohe Nanda Devi ist, Sitz der Göttin Nanda, einer Erscheinungsform der Göttin Parvati,

Gemahlin von Shiva, dem dritten Gott in der Hindu-Trinität, und Tochter des Bergkönigs Himalaja.

Im Herbst 1965 wurde die »Glücksgöttin« Nanda durch eine beispiellose Aktion der CIA, des Auslandsgeheimdiensts der USA, geschändet. Ein Jahr zuvor hatten die Chinesen am ausgetrockneten Lop-Nor-Salzsee in der Provinz Sinkiang ihre erste Atombombe gezündet. Danach begannen sie mit Raketen-Versuchen. Um die Aktivitäten der Chinesen zu belauschen, hatte die CIA den verrückten Einfall, eine Beobachtungsstation im Himalaja einzurichten, auf einem der indischen Grenzgipfel, die freien Blick weit nach China hinein gewährten und Signale von den Tests aufnehmen konnten. Ihre Wahl fiel auf die schwierig zu besteigende Eispyramide der Nanda Devi. Als langlebige Energiequelle für den Horchposten kam nur eine Radionuklidbatterie mit Plutonium 238 als Brennstoff in Frage. CIA gemeinsam mit dem indischen Geheimdienst wählten eine Gruppe von Höhenbergsteigern aus, welche die Elektronik-Ausrüstung und den Generator am Nordhang unterhalb des Gipfels installieren sollten. Dazu kam es aber nicht, weil ein aufkommender Sturm die Kletterer zwang, 600 Meter unterhalb umzukehren. Sie trafen eine folgenschwere Entschei-

dung: sie deponierten die schweren Geräte in einer Felsnische. Im Frühjahr darauf stiegen sie wieder auf. Und fanden den Plutonium-Generator nicht mehr wieder. Ein Bergsturz hatte den Lagerplatz weggerissen, die atomare Zeitbombe unter Fels, Eis und Schnee begraben. Die Göttin gab sie nicht mehr frei, und die Gefahr, das Hauptquellgebiet der heiligen »Mutter Ganga« zu verseuchen, ist – bis heute – groß.

In Klein-Martoli kaufte Adolph drei Ziegen für das versprochene Opferritual, die bis zur Passhöhe mitgeschleppt werden mussten. Einen Tag später, am 30. Mai, begannen sie den Aufstieg über den steilen Moränenwall zum oberen Gletscherrand. Die Bekleidung der Hirten war nicht gerade hochgebirgstauglich, sie bestand nur aus einem langen, um die Hüfte geschlungenen und dann zwischen den Schenkeln durchgezogenen Baumwolltuch, einem leichten, ärmellosen Jäckchen, einer Topi genannten Kopfbedeckung sowie einer um den Körper geschlungenen wärmenden Decke aus Ziegenhaar; Schuhe kannten sie nicht, sie waren barfuß. Ihr erstes Nachtlager schlug die Gruppe in 4300 Metern Höhe an einer schneefreien Stelle auf. An viel Schlaf war nicht zu denken. Adolph und seine Träger waren gezwungen, in der feuchtkalten Luft ohne Zelte im Freien zu übernachten, immer wieder aufgeschreckt vom Donnern der ins Pindari-Tal stürzenden Eislawinen. Die Zelte und das andere schwere Gepäck hatte Adolph ja wohlweislich mit Robert auf direktem Weg nach Milam schaffen lassen, da es für die Träger wegen der tückischen Steilheit des Geländes lebensgefährlich gewesen wäre. Es war noch tiefe Nacht, als sich die Gruppe um halb zwei Uhr morgens beim Schein von Pechfackeln wieder auf den Weg machte, allerdings ohne vier Träger, die über Unwohlsein klagten und abzusteigen verlangten. Die kalte Nacht hatte den Schnee hart und fest gemacht, sodass man stetig, wenn auch nur Schritt für Schritt, bergauf steigen konnte. Der Anstieg zum Pass wurde immer beschwerlicher und gefährlicher. Steile eisige Schneerinnen machten es erforderlich, Hunderte von Stufen mit der Axt ins Eis zu schlagen. Um acht Uhr morgens erreichten Adolph und die Träger völlig ausgepumpt den Traill's-Pass (den er so benannte). Eine vorgenommene Höhenmessung ergab 5312 Meter. Es war windstill und in klarer Luft war die bizarre Hochgebirgswelt des Kumaon-Himalaja zum Greifen nah, im Nordwesten die schroffen, zerrissenen Grate der Nanda Devi, westlich davon die Fels- und gleißenden Firnabhänge der Nanda Khat (6611 Meter) und südöstlich die Nanda Kot (6861 Meter). Hier, auf der Passhöhe, wurden die drei Ziegen geschlachtet, in Stücke zerteilt und in alle Winde verstreut, um die Göttin Nanda gnädig zu stimmen, und dazu beschwörende Mantras gemurmelt. Adolph durfte dabei nicht zusehen, etwas abseits begann er mit Bleistift eine Kartenskizze der Gebirgszüge anzufertigen.

»Den Einfluss der Verdünnung der Atmosphäre«, erwähnte Hermann später, »hatte Adolph hier noch nicht bedeutend zu fühlen«, drei seiner kräftigsten Leute aber bekamen epileptische Anfälle; sie warfen sich in den Schnee, verdrehten die Augen und schlugen mit Händen und Füßen um sich. Die anderen Träger knieten nieder und riefen: »Nanda Devi aya, Nanda Devi aya!« – die Göttin Nanda ist in sie gefahren. War es die dünne Luft oder, wie Adolph verständnislos annahm, reiner Unfug? Die Göttin wurde doch mit dem Opfer besänftigt. Ihm ging der törichte Aberglaube auf die Nerven. Er befahl den verstörten Männern, unter Androhung von Strafe, sich wieder zu beruhigen, was sie durch inbrünstige Bittgebete und durch Auflegen von Schnee auf dem Kopf auch taten.

Vom Traill's-Pass stiegen sie ostwärts über die

steilen Firnhänge des Lawan-Gletschers ab, dessen unteren Rand sie nachmittags erreichten. Die Nacht verbrachten sie in 4000 Metern Höhe unter einem großen überhängenden Felsen. Am nächsten Tag ging es in das Tal des Lawan-Flusses, das übersät war mit kugelig-violetten Blüten der Primelart *Primula denticulata*, weiter bis Martoli, einem kleinen Weiler auf einer Hochebene über dem Gori Ganga. Entlang des engen Tals des Gori erreichten Adolph und seine Begleiter am 2. Juni Milam.

Robert nahm mit Trägern und Pferden von Almora die direktere Route über Bageshwar am Ufer des Sarju, Girgaon, den Kalamuni-Pass nach Munshari, dann den Saumpfad durchs Gori-Tal nach Milam, wo er zwei Tage vor Adolph ankam.

Milam liegt am Ende des Gori-Tals, auf einer Höhe von 3450 Metern, und war die Hauptsiedlung der Bhotias, einer Ethnie, die vor Zeiten aus Tibet eingewandert war und das buddhistische Erbe bewahrt hatte. Der Ort bestand aus eng zusammengerückten Steinhäusern, deren Dächer mit flachen Schieferplatten gedeckt waren. Bewohnt wurde er nur von Ende Juni bis Anfang September, wenn kein Schnee mehr lag. In dieser Zeit war Milam ein wichtiger Umschlagplatz. Aus Tibet kamen über die Gletscherpässe Karawanen mit zottigen Yaks und oft bis zu tausend Schafen als Lasttieren, jedes mit einem Doppelsack über dem Rücken, der mit Salz (von den tibetischen Salzseen) gefüllt war. Das Salz wurde gegen Buchweizen, den die Bhotias anbauten, getauscht und zurück nach Tibet transportiert. Bevor es Winter wurde, zogen die Bewohner von Milam mit ihrem Vieh und Hausrat in tiefer gelegenes Weideland, wo sie auch mit dem begehrten Salz Handel trieben.

Der Yak war und ist eines der wichtigsten Haustiere der voll- und seminomadischen Gesellschaften. Er dient als Tragtier, zieht den Pflug, und sein dichtes und langes Haar wird zu Garn versponnen oder zu haltbaren Stricken geflochten; die Yakkühe geben eine sehr fette Milch, die als Butter Bestandteil des traditionellen Buttertees ist; sein Fleisch wird an der Luft getrocknet oder in der Suppe gekocht; die Häute werden zu Leder verarbeitet und der getrocknete Kot als Brennmaterial verwendet, selbst der biegsame Penis findet als Quirl beim Buttern Verwendung.

Über den Aufenthalt von Adolph und Robert berichtete Hermann in seiner umständlichen Ausdrucksweise: »In Milam wurde einige Tage verweilt, um die Karten und Zeichnungen auszuarbeiten, die meteorologischen und magnetischen

Instrumente aufzustellen und den Pflanzensammlern usw. die nötigen Instruktionen zu geben. Der photographische Apparat konnte sogleich nach Ankunft mit gutem Erfolge zu ethnographischen Abbildungen benützt werden; hier war das letztere der neuen Rassen wegen sehr lohnend, und auf die Leute selbst machte der photographische Apparat einen so unmittelbar an Wundereffekte grenzenden Eindruck, dass dies den Reiz der Benützung sehr erhöhte.« Was Hermann nicht erwähnte, waren die bulligen, scharfen Tibet-Mastiffs, die als Hirtenhunde zur Bewachung der Schaf- und Ziegenherden gehalten wurden und deren dauerndes durchdringendes Gekläff den Ort erfüllte.

Oberhalb von Milam erstreckte sich die Endmoräne des riesigen Milam-Gletschers, der damals mit fast achtzehn Kilometern Länge zu den größten im Himalaja zählte. Am 16. Juni brachen Adolph und Robert, begleitet von sechzehn Trägern aus Milam, auf, um glaziologische Untersuchungen anzustellen. Entlang schuttbedeckter Eismassen stiegen sie in den von Sechs- und Siebentausendern eingerahmten Bergkessel bis zu einem Felskamm in 5100 Metern hoch. Von hier bot sich ihnen ein guter Überblick über den oberen Teil des Gletschers. Am nächsten Tag ging es über »die zerspaltenen

Gletscher« weiter aufwärts, »mit festen Seilen verbunden«, was den »Mut der Bhotias wesentlich erhöhte«. Hermann berichtete weiter: »Nach einigen Stunden kam die schwierigste Stelle, eine über tausend Fuß [305 Meter] hohe, sehr steil abstürzende Firnwand; einer der Sahibs musste abwechselnd, am Seil gehalten, vorangehen, um den Weg zu bahnen und die Festigkeit des frischen Winterschnees zu beiden Seiten der großen Firnspalten zu prüfen. Die 13 Bhotias (drei hatten am Lagerplatz zurückbleiben müssen) folgten mit stummer Resignation, genau die Tritte im Schnee einhaltend; sie hatten sich längst jedes Urteils über den einzuschlagenden Weg begeben. Nach vielen vergeblichen Versuchen gelang es, den oberen Teil dieser Firnwand zu erreichen. Nun zeigte sich das Ziel der Wanderung, ein schwarzer Felskamm, welcher das Firnmeer des Milam-Gletschers im Norden begrenzt, ziemlich nahe; aber das allmählich ansteigende Firnfeld schien sich mit jedem Schritt zu vergrößern.« Nach drei Stunden hatten sie ihr Ziel erreicht und sanken erschöpft in den Firn. In der dünnen Luft klagten die Träger über heftiges Kopfweh, die Brüder hingegen scheinen sich erstaunlich gut an die Höhe angepasst zu haben, »sie fühlten nicht das leiseste Kopfweh«, wie Hermann betonte.

Durch ihren längeren Aufenthalt in großen Höhen war es gewiss zu Stoffwechselveränderungen in den roten Blutkörperchen gekommen, die es erlaubten, mehr Sauerstoff aufzunehmen, wodurch die Gefahr von Höhenlungen- und Höhenhirnödemen vermindert wurde.

Von Süden her zogen dunkle, schwere Monsunwolken auf, die Träger drängten zum Abstieg. Es war schon dunkel, als sie den ersten Lagerplatz erreichten, wo die drei zurückgelassenen Träger ausgeharrt hatten. In der Nacht war Schnee gefallen, den die Sonne am nächsten Tag rasch wieder schmolz. Den ganzen Tag über verwandten die Brüder darauf, Beobachtungen und Messungen anzustellen, doch gegen Abend zwang sie der Mangel an Brennholz und Trinkwasser (das Schneewasser war verschmutzt und ungenießbar) bei Fackelschein zur Rückkehr. Die Bhotias waren heilfroh, dass sie die, im wahrsten Sinne, schwindelerregende Kraxelei heil überstanden hatten; »abergläubisch in hohem Grade«, wie Hermann bemerkte, waren sie fest davon überzeugt, dass die Götter den Sahibs wohlgesinnt seien und ein »spezieller Glücksstern« über sie wachte. Die Gunst der Bhotias erwies sich als großer Vorteil für den weiteren Verlauf der Reise. Adolph entwarf eine detaillierte Kartenskizze des

Milam-Gletschers, wahrscheinlich die erste Darstellung überhaupt.

Laut dem Weltklimarat, schreibt die indische Wissenschaftlerin und Umweltaktivistin Vandana Shiva in Jenseits des Wachstums *(Zürich 2014), gehen die Gletscher des Himalaja, deren Schmelzwasser die großen Flüsse Indiens speisen, durch den Klimawandel schneller zurück als in jedem anderen Teil dieser Welt; das könnte in Zukunft für die Wasserversorgung der Bevölkerung dramatische Folgen haben. Der Milam-Gletscher geht nach neuesten Erkenntnissen pro Jahr um etwa dreißig Meter zurück.*

Anhaltende heftige Regenfälle hatten den Aufbruch verzögert. Nun, bei klarem Wetter, konnten Adolph und Robert am 6. Juli Milam verlassen. Mit ihnen eine Karawane von fünfundvierzig Lasttieren, *Dzo*, einer Kreuzung zwischen Yak und Buckelrind, beladen mit Ausrüstung, Instrumenten, Lebensmitteln und Sammlungsgegenständen; mit dabei ihr Assistent, der Anglo-Inder Daniel (der sie nicht zum Gletscher begleitet hatte), Männer aus dem Dorf und als Führer Mani Singh und dessen Cousin Nain Singh, ebenfalls Bhotias aus Milam. Beide wurden Jahre später als verdeckt operierende

Kundschafter, sogenannte Pundits, von der Landvermessungsbehörde angeworben und in deren Hauptquartier in Dehra Dun ausgebildet. Sie lernten mit dem Sextanten die Höhe der Sonne bei Tag und der Sterne bei Nacht zu messen, um den Breitengrad zu bestimmen; es wurde ihnen beigebracht, nach dem Kompass zu marschieren und mit dem Siedepunkt-Thermometer die Höhe über dem Meeresspiegel abzuschätzen; sie wurden ferner gedrillt, stets die gleiche Schrittlänge von je 31½ Zoll (80 Zentimeter) einzuhalten, um die zurückgelegte Wegstrecke festzuhalten. Gezählt wurden die Schritte mit einer Gebetskette *(Mala)*, die statt der üblichen 108 nur aus 100 Perlen bestand. Alle 100 Schritte wurde eine Perle weitergeschoben, waren alle Perlen der Kette durchgezählt, entsprach das einer Strecke von etwa acht Kilometern. Ihre geheimen Aufzeichnungen hielten sie auf langen Papierstreifen fest, die in der Trommel einer Gebetsmühle versteckt waren. Nain Singh avancierte zu einem der erfolgreichsten Pundits (»a skillfull and accurate observer«), dem es im Jänner 1866 sogar gelang, Lhasa zu erreichen und unentdeckt über drei Monate die verbotene Stadt auszukundschaften. Die Resultate seiner Messungen erlaubten es später seinem Instrukteur, Captain Thomas

George Montgomerie, die bisher unbekannte geographische Länge (90° 59' 30" Ost) und Seehöhe von Lhasa zu berechnen. Für seine Beiträge zur Kartierung von Tibet, Ladakh und Zentralasien belohnte ihn die Royal Geographical Society mit der Goldmedaille.

Die Pundits (offiziell *native explorers*) unternahmen als Pilger oder Händler getarnt mit falscher Identität unter oft schwierigen und gefährlichen Bedingungen Reisen über Tausende Kilometer durch Gebiete, deren Zutritt den Briten strikt verwehrt war (wie Tibet, Nepal oder Chinesisch-Turkestan). Sie galten als zuverlässige Informanten über bislang unbekannte Routen, Passhöhen, Lage von Ortschaften, Seen und Flüssen. Dieses Wissen war für die Briten geostrategisch von höchster Wichtigkeit, insbesondere im Hinblick auf das Vorrücken der Russen nach Süden im sogenannten Great Game um die Vorherrschaft in Zentralasien. Durch die Annexion großer Gebiete auf dem Territorium der heutigen Staaten Usbekistan, Turkmenistan, Kirgisistan und Tadschikistan rückte das Zarenreich die Grenze seines Einflussbereichs immer näher an das britische »Kronjuwel« Indien. Die Briten fürchteten, dass Russland sich letztlich auch Afghanistan und Teile ihres Kolonialbesitzes einverleiben könnten, um Zugang zu eisfreien Häfen im Indischen Ozean zu erhalten (eine Überlegung, die angeblich schon Peter I., der Große, angestellt hatte). Die heiße Phase des Great Game endete mit dem Vertrag von Sankt Petersburg im August 1907. In ihm einigten sich die beiden imperialen Kontrahenten auf die Abgrenzung ihrer Interessensphären in Zentralasien; unter anderem garantierte Russland, sich nicht mehr in afghanische Angelegenheiten einzumischen, und akzeptierte, dass Afghanistan gleichsam wie ein britisches Protektorat zu betrachten sei.

Von Milam bewegte sich der Tross nordwärts durch die bizarr zerrissene Erosionsschlucht des Gunka-Flusses in Richtung tibetische Grenze. Nach Überqueren des mehr als 5000 Meter hohen Unta-Dhura-Passes teilte sich die Gruppe. Die Mehrzahl der Lasttiere und ihre Begleiter nahmen den Weg längs der tibetischen Grenze zum Niti-Pass und von dort durch das Tal des Dhauli Ganga, des linken Quellflusses des Ganges, nach Badrinath. Adolph und Robert hatten vor, als Bhotias verkleidet, über die Grenze in das abgeschottete Tibet zu gehen, wenn möglich bis zum für Hindus und Buddhisten gleichermaßen heiligen See Manasarovar (mit 4590 Metern einer der höchstgelegenen der Welt). Nördlich des kristallklaren Sees erhebt sich der heiligste aller heiligen Berge, der Kailash, eine Pyramide aus blendend weißem Firneis, die eher einer durch göttliche Hand erschaffenen Skulptur ähnelt als einem profanen Berg.

In der Nacht vom 16. auf den 17. Juli drangen die Brüder mit vier Bhotias, Mani Singh als Führer, den nötigsten Instrumenten und Lebensmitteln sowie Pferden heimlich in Tibet ein. Sie ritten die ganze Nacht und den nächsten Tag fast ohne zu rasten und kamen abends bis zum Oberlauf des Satluj, der westlich des Manasarovar-Sees entspringt. Hier, in einem der kleinen Erosionstäler, die das Satluj-Tal durchziehen, wähnten sie sich vor Entdeckung durch Grenzwachen sicher. »Wir waren eben beschäftigt, unser Zelt aufzuschlagen und die Pferde abzuladen, als wir plötzlich zu unserem nicht geringen Ärger in raschem Galopp unsere tibetanische Wache schreiend und lärmend an uns herankommen sahen. Als die beiden Ersten Miene machten, unseren Pferden in die Zügel zu fallen, versetzten wir ihnen unerwartet mit unseren langen englischen Reitpeitschen einige kräftige Hiebe über das Gesicht. Sie stiegen sogleich von den Pferden und erklärten uns unter vielen Verbeugungen und

Salams, dass sie als Freunde gekommen seien, dass sie jedoch von ihrer Regierung die strengsten Befehle erhalten hätten, uns nicht aus den Augen zu lassen.« (Aus dem Bericht von Adolph und Robert an den preußischen König vom 8. November 1855.) Diese Befehle, erklärte man ihnen, seien hauptsächlich wegen des Kriegs zwischen Nepal und Tibet, der im April 1855 ausgebrochen war, erlassen worden, da befürchtet wurde, die Brüder und ihre Entourage könnten ausgeraubt oder gar getötet werden. Deshalb sei es auch zu gefährlich, unter den gegenwärtigen Umständen nach dem Manasarovar-See zu gehen. Daraufhin änderten die Brüder ihren Plan; sie baten um Erlaubnis, ins Tal des Indus bei Gartok zu wandern, die nach langwierigen Verhandlungen, die Mani Singh auf Tibetisch führte, dank Rupien, Brandy und Sherry schließlich erteilt wurde.

Gartok, am Ufer eines Nebenflusses des Indus, 4400 Meter hoch gelegen, bestand aus wenigen festen Häusern, um die sich in den Sommermonaten eine große Anzahl von kreisrunden Jurten aus Yakfellen gruppierte. Der Ort war ein Knotenpunkt mehrerer Karawanenstraßen und wichtiger Handelsplatz, vor allem für die wertvolle Wolle aus dem feinen Unterhaar der Kaschmirziege, einer

Subspezies der Hausziege *(Capra hircus)*. Der Erste, der 1812 diese abgeschirmten Gegenden im westlichen Tibet erforschte, war der britische Veterinär und Kolonialbeamte William Moorcroft. Gemeinsam mit Captain Hearsay und dem Pundit Harkh Dev, getarnt als *Gosain*, als Hinduhändler, trugen sie wichtiges Material für die Company zusammen über politische und ökonomische Verhältnisse, die regionale Kultur, Topographie, Flora und Fauna sowie über den Wollhandel. Moorcrofts Journal wurde 1816 in den *Asiatic Researches* (Vol. XII), Calcutta, abgedruckt. Diese und eine spätere Schrift von 1841 *(Travels in the Himalayan)* war den Brüdern eine überaus hilfreiche Quelle.

Nachdem Adolph und Robert die Gegend um Gartok erkundet hatten, erreichten sie am 5. August den Ort Mangnang, in dem sich ein buddhistisches Kloster aus dem 11. Jahrhundert befand (das während der chinesischen Kulturrevolution von den Roten Garden zerstört wurde). Die freundlichen, in dunkles Rot gehüllten Mönche des Klosters zeigten den beiden bereitwillig das Innere der Gebetshalle, die von flackernden Butterlämpchen schwach beleuchtet war; Adolph durfte sie aquarellieren. Beschenkt mit kultischen Gegenständen, wie Gebetsflaggen, auf Leinwand gemalte Thangkas, heilige Schrifttafeln und geschnitzte Buddhafiguren, nahmen sie von den Mönchen Abschied.

Über den 5545 Meter hohen Mana-Pass gelangten die Brüder und ihre Begleiter wieder auf indisches Gebiet und erreichten am 13. August den unteren Rand des großen Gletschers, der sich über den nördlichen Abhang des Abi Gamin erstreckt. Der Abi Gamin, an der indisch-tibetischen Grenze, ist ein Nebengipfel des Kamet, der mit 7755 Metern der zweithöchste Berg in der Garhwal-Region ist. Seine Erstbesteigung fand 1931 durch die exzellenten englischen Kletterer Frank S. Smythe, Eric Shipton und den Nepalesen Lewa Sherpa statt, damals ein neuer Höhenrekord.

Auch Adolph und Robert sollte in den nächsten Tagen, beim Versuch den Abi Gamin zu besteigen, ein alpinistisches Glanzstück gelingen. Über den dramatischen Auf- und Abstieg gibt der oben erwähnte Bericht an den König von Preußen Aufschluss, den die Brüder am 8. November von Mussoorie absandten: »Nachdem die uns nötigen Vorräte aus Mana hier angelangt waren, begannen wir am 16. August, von 14 Leuten begleitet, den Gletscher hinanzusteigen. Nach drei kurzen Tagesmärschen hatten wir den Anfang des Firnmeeres erreicht, an dessen Rande sich der Abi Gamin-Gipfel erhebt. Hier schlugen wir in einer Höhe von 19 220 Fuß [5860 Metern] unser Lager auf der Moräne des Gletschers auf.

Die Nacht war sehr kalt und außerordentlich stürmisch, doch da es am nächsten Morgen (19. August) ziemlich klar und heiter war, so versuchten wir, wie hoch wir etwa am Abi Gamin hinaufkommen könnten. Nur 8 Leute begleiteten uns, die anderen waren infolge der Kälte und des Windes in völlige Apathie versunken.

Von unserem Lagerplatz begannen wir sogleich sehr steil über festgefrorenen Schnee anzusteigen, der sehr oft in mächtige Spalten zerrissen war, die vorsichtig in großen Umwegen umgangen werden mussten. Doch sichtbar brachte uns jeder Schritt immer höher und höher, bis es uns um 2 Uhr nachmittags ganz unmöglich geworden war, weiter hinanzusteigen. Einer unserer Leute hatte plötzlich einen heftigen Blutsturz bekommen und war schon tiefer zurückgeblieben; wir selbst fühlten uns alle auf eine so eigentümliche Weise ermüdet und erschöpft, wie wir es früher niemals empfunden hatten. Die Aussicht war, da Wolken und Nebel auf den umgebenden Bergen lagen, nicht sehr umfassend, doch erhielten wir einen sehr belehrenden Überblick über die Gletscher-Gruppe und die

Haupt-Bergzüge des Abi Gamin und seiner Umgebungen. Wir hatten kaum das Barometer aufgestellt, als uns ein wütender Nordwind zur schleunigen augenblicklichen Umkehr nötigte. Die Höhe des erreichten Punktes ist 22 260 Fuß [6785 Meter]. Der Wind nahm beim Herabsteigen an Heftigkeit zu, doch erreichten wir alle glücklich abends unser kleines Lager am Fuße des Abi Gamin, dessen Gipfel bei Sonnenuntergang zwischen den Nebel- und Wolkenmassen in wundervoller Beleuchtung und Schönheit erschien, und wir sahen alle mit großem Vergnügen zurück auf unseren Weg, der sich bis hinauf zu dem höchsten erreichten Punkte deutlich wahrnehmen ließ.

Wir hatten uns zwar, besonders während der Reise in Tibet, sehr an den Einfluss der Höhe gewöhnt; bei der Besteigung des Abi Gamin aber empfanden sowohl wir, als alle unsere Leute, Kopfweh und mehr oder minder Augenschmerzen, ungeachtet der dichten Schleier, mit denen wir uns gegen die blendende Schneefläche zu schützen suchten. Der Wind hatte uns den feinen Schneestaub fortwährend in die Augen getrieben. In der Nacht vom 19. auf den 20. August wütete der Sturm fort, und ungeheure Lawinen übertönten noch sein furchtbares Heulen. Die Kälte war sehr empfindlich, denn noch nach 9 Uhr des nächsten Morgens stand das Thermometer 40 C unter null.

Wir beeilten uns, zu unserem früheren Lagerplatz zurückzukehren, welcher, obwohl nur wenig tiefer, in einer weit geschützteren Lage sich befand. Wir gaben dem Mann, der gestern den Blutsturz bekommen und sich sehr krank und schwach fühlte, zwei zuverlässige Leute als Begleiter mit, um ihn den Gletscher herunterzubringen; sie kamen bald nach uns zum Lager und erzählten, dass sie den Kranken während des heftigen Schneesturmes, der uns plötzlich in der Mitte des Gletschers überfiel, aus dem Gesicht verloren und nicht hätten wiederfinden können. Es gingen daher alle unsere Leute fort, um ihn zu suchen; es war spät abends, als sie ohne ihn gefunden zu haben zurückkehrten. Da nun die Nacht den beiden vorhergehenden Nächten um nichts an Rauheit und Kälte nachstand, so war wohl sehr wahrscheinlich, dass der Unglückliche zu Grunde gegangen sei, umso mehr, da auch Nachsuchungen am folgenden Tage erfolglos waren. Es überraschte uns daher freudig, als endlich in Badrinath, zwei Tage nach uns, der Totgeglaubte in unser Lager kam. Er war langsam, den gewöhnlichen Weg nach Mana suchend, den Gletscher heruntergegangen, aber 3 Tage lang ohne Nahrung geblieben, bis ihn einige Bhotias fanden und mit herab nach Badrinath brachten.«

Adolph und Robert hatten zwar nicht den 7355 Meter hohen Gipfel des Abi Gamin erreicht, aber immerhin die beachtliche Höhe von 6785 Metern. Damit waren sie Weltmeister, die ersten Alpinisten, die je eine solche Höhe erstiegen hatten – nie war ein Mensch dem Himmel näher. Deshalb mutet ihre Beschreibung der kühnen Besteigung seltsam an; keine Emotionen, kein Gefühl des Triumphes, es lässt sich nur ahnen, welchen Strapazen und welch extremem Risiko sie sich ausgesetzt hatten. Erst fünfundneunzig Jahre später, am 22. August 1950, gelang einer britisch-schweizerischen Expedition unter Führung von René Dittert die Erstbesteigung des Abi Gamin.

Es überrascht vielleicht, beide Brüder und den Abi Gamin in Jules Vernes Science-Fiction-Welt zu entdecken: In der technisch-abenteuerlichen Utopie *Robur der Eroberer,* erschienen 1886 in Paris. Vernes Fantasie basierte ja auf geradezu enzyklopädischen Kenntnissen der zeitgenössischen wissenschaftlichen Literatur, und deshalb verwundert es nicht, dass er das Reisewerk der Schlagintweits kannte. Im neunten Kapitel setzt das von Ingenieur Robur konstruierte Luftschiff *Albatros,* eine geniale

Kombination aus »Helikopter und Orthopter«, nach einer Reise von 10 000 Kilometern über ein einmaliges Hindernis: »Ein großartiges orographisches System! Mehr als zweihundert seiner Gipfel bereits gemessen, wovon siebzehn 25 000 Fuß übersteigen! 8840 Meter hoch erhob sich vor der *Albatros* der Mount Everest. [...] Offensichtlich hatte Robur nicht die Absicht, über die Gipfel dieser Berge hinzustreichen, sondern kannte sicherlich die verschiedenen Pässe des Himalaja, den Abi-Gamin-Pass etwa, den die Brüder Schlagintweit überschritten haben. In diesen Pass schoss die *Albatros* geradewegs hinein.« (Namentlich kommen sie noch in vier anderen Büchern des damals überaus populären Autors vor.)

Nachdem Adolph und Robert von ihrem Lagerplatz die Karte des nördlichen Abi-Gamin-Gletschers vervollständigt hatten, setzten sie ihren Weg über den mehr als 6000 Meter hohen Abi-Gamin-Pass ins Mana-Tal fort und kamen am 24. August abends in dem »freundlichen, berühmten Tempelort« Badrinath, am rechten Ufer des Alaknanda-Flusses gelegen, an. Von allen Himalaja-Heiligtümern Garhwals genießt der Shri Badrinath aus dem 8. Jahrhundert, der dem Gott Vishnu geweiht ist, damals wie heute, die größte Verehrung unter den Hindus. Was die unzähligen Pilger außerdem anzog, erwähnten die Brüder in ihrem Bericht an den König: Es waren »die Badebassins, gefüllt mit dem alles reinigenden und sühnenden Wasser der heißen Quellen. Wie an den Ufern des Ganges baden auch hier, leicht bekleidet, Männer und Frauen zusammen.« Robert ließ eine große Anzahl von Glasflaschen mit dem Thermalwasser füllen, um es später chemisch analysieren zu lassen.

Adolph marschierte am 5. September über den Mana-Pass nochmals nach Tibet, um die geologischen und geographischen Untersuchungen im Satluj-Becken zu ergänzen. Robert verließ am 7. September Badrinath, nachdem er die letzten Tage benutzt hatte, verschiedene Motive zu fotografieren. Er folgte zunächst der südlichen Route durch das Alaknanda-Tal nach Joshimath, wandte sich dann gegen Westen über Okhimath, den Tempelort Trijugi Narayan nach Kharsali, von dort den Yamuna-Fluss abwärts nach Mussoorie, wo er am 21. Oktober, vier Tage nach Adolph, ankam. Mussoorie wurde 1823 von den Engländern als *hill station* gegründet, ein 2130 Meter hoch gelegener Kurort, der von den Kolonialbeamten sehr geschätzt war. Im Schatten kühler Kiefern- und Eichenwälder konnte man hier der fast unerträglichen Sommerhitze in den staubigen Ebenen Nordindiens entkommen. Für Adolph und Robert war es eine Rückkehr in die Zivilisation. Im stilvoll eingerichteten Himalaya Club House, das allen Komfort bot, konnten sie sich von den Strapazen des Hochgebirges erholen. Im benachbarten Banog Hill hatte Colonel Andrew Waugh, Nachfolger von George Everest als Leiter der indischen Landvermessung, sein Observatorium. Mit ihm hatten die Brüder Gelegenheit, sich über Barometerbeobachtungen und topographische Erkenntnisse auszutauschen. Von Mussoorie brachen die Brüder zu einer »ausgedehnten Winterreise« in das Innere des Subkontinents auf.

Hermann Schlagintweit kam aus Kalkutta mit seinem Diener Dhamji am 18. April 1855 in der britischen *hill station* Darjeeling an, sein Assistent Lieutenant Adams, Zeichner Abdul und Präparator Mr Monteiro Tage später. Der in 2100 Metern Höhe gelegene Luftkurort gehörte ursprünglich zum Gurkha-Königreich, dem heutigen Nepal. Nach dem verlorenen Krieg gegen die Briten musste der Shah-Herrscher Sikkim an die East India Company abtreten, die den vertriebenen Radscha wieder einsetzte und ihm die Souveränität garantierte. Das

Höhenklima und die strategische Lage zwischen Tibet, Nepal, Bhutan und Britisch-Indien waren ausschlaggebend, den *Dorje Ling,* den »Platz des Donnerkeils«, als *hill station* (oder *Sanatarium,* wie die Briten sie auch nannten) etwa 600 Kilometer nördlich von Kalkutta zu etablieren. Dafür erhielt der Radscha jährlich 300 Pfund als Entschädigung. 1840 kam der Arzt Dr. Arthur Campbell als erster Superintendent in die neue Station, der vorher britischer Regierungsvertreter in Kathmandu war. Darjeeling, als Erholungsort für britische Kolonialbeamte und Militärs, wuchs rasch; es entstanden solide Bungalows, zivile und militärische Einrichtungen, ein Militärsanatorium und eine sogenannte *Native Town,* die vor allem von Lepchas, einem indigenen Volk Sikkims, Limbus und Bhotias, ethnischen Gruppen aus der Himalaja-Region, bewohnt wurde.

Darjeeling breitet sich terrassenförmig auf einem lang gezogenen Kamm der südlichen Vorberge des Himalajas aus. Der Ort bietet einen einzigartigen Blick auf die zum Greifen nahen Riesenberge des Himalajas. Im Westen erstreckt sich entlang der Grenze zu Nepal die Singalila-Gebirgskette, die im Norden an das Massiv des Kangchendzönga, mit 8586 Metern der dritthöchste Berg der Erde, grenzt.

(Und wenn es die Sicht erlaubt, ist hinter dem »Kantsch« – wie er im Alpinisten-Jargon heißt – die firnschimmernde Gipfelpyramide des Everest zu sehen.)

Dr. Campbell hatte Hermann einen Bungalow nahe dem Observatory Hill zur Verfügung gestellt mit herrlicher Aussicht auf die gewaltigen Eisriesen. Die üppig bewaldeten Höhenzüge und Abhänge ringsum waren ein leuchtendes Blütenmeer; vorherrschend weiß und rosa blühende Magnolienbäume und Rhododendren mit karminroten und cremefarbenen Blüten; dazwischen das satte Grün der Eichen-, Lorbeer-, Kastanien- und Ahornbäume. Einen interessanten Gesprächspartner und Informanten fand Hermann in Brian Houghton Hodgson, der einige Jahre in Nepal als britischer Gesandter verbracht hatte und seit zehn Jahren in Darjeeling lebte. Hodgson hatte sich in Nepal mit den verschiedenen Ethnien und Sprachen beschäftigt, er studierte Flora sowie Fauna und galt als profunder Kenner des Buddhismus.

In Hodgsons Haus logierte ab April 1848 der (bereits erwähnte) renommierte Botaniker Joseph Dalton Hooker, der mehr als zwei Jahre in Sikkim und im östlichen Himalaja verbrachte. Bei seinen ausgedehnten Streifzügen (teils gemeinsam mit seinem Freund, dem Botaniker Thomas Thomson) durch fast unerforschte Regionen sammelte er, wie er angab, über 6000 Pflanzenarten und beschäftigte sich zudem intensiv mit der physisch-geographischen Natur des Landes.

Anfang November 1849 begleitete Superintendent Campbell den Botaniker auf einen Ausflug in den Osten von Sikkim. Vom Ort Tumlong, wo der Radscha seine Residenz hatte, stiegen sie bis zum Cho La auf, einem Pass an der Grenze zu Tibet. Beim Abstieg wurden sie von einer Gruppe Bhotia-Soldaten, bewaffnet mit Messern, Pfeil und Bogen, umringt und rüde behandelt. Ihr Anführer erklärte, der Radscha habe angeordnet, Campbell gefangen zu nehmen. Daraufhin stürzten sich einige Männer auf ihn, traktierten ihn mit Schlägen und banden seine Hände und Füße. Hooker wollte zu Hilfe kommen, wurde aber zurückgehalten und zu Boden gezerrt. Streng bewacht brachte man die beiden nach Tumlong, wo eine Unterredung mit dem Dewan, dem obersten Beamten des Radschas, stattfand. Der in eine purpurrote Seidenrobe mit großen offenen Ärmeln gehüllte Tibeter beteuerte, die schmähliche Behandlung beruhe auf einem Missverständnis; eine Lüge, denn es war offenkundig, dass er dahintersteckte und Campbell zu

Konzessionen erpressen wollte. Hooker beschrieb den Dewan als unverschämt und habgierig, er zielte darauf ab, den Handel zu kontrollieren und sich zu bereichern. Nach siebenundvierzig Tagen Gefangenschaft kehrten Campbell und Hooker zu Heiligabend nach Darjeeling zurück. Die Vergeltung der Briten folgte auf dem Fuß. Das Gouvernement in Kalkutta konfiszierte den südlichen und fruchtbaren Teil Sikkims und gewann damit den direkten Zugang nach Bengalen; ferner wurde die jährliche Entschädigungszahlung an den Radscha für das seinerzeit abgetretene Gebiet eingestellt. Der selbstherrliche Dewan indes fiel in Ungnade, er verlor sein Amt und seinen Besitz.

Hermann erfuhr von dem brutalen Übergriff der Sikkimer bei einem Dinner, das Superintendent Arthur Campbell für ihn in seiner Residenz gab. Campbell hob in seiner Darstellung der Ereignisse hervor, dass damals der politische Agent des Radschas, ein Tibeter namens Chibu Lama, der den Dewan insgeheim verachtete, bemüht gewesen sei zu vermitteln und vermutlich Schlimmeres verhindert habe. Für seine Loyalität, ergänzte Campbell, habe er den klugen Tibeter mit einem Grundstück in Darjeeling belohnt. Zum Nachtisch gab es Apfeltorte mit Eierschaum, dabei kam das Gespräch auf den ausgewachsenen Tiger, der vor einigen Tagen in gefährlicher Nähe der Station im dichten Unterholz der Rhododendren entdeckt worden war. Campbell berichtete, Lepcha-Jäger hätten seine Spur verfolgt und ihn durch mehrere Schüsse niedergestreckt. Er habe das Fell sicherstellen lassen und wolle es Hermann zum Geschenk für seine Sammlung machen.

Hermann hatte Gelegenheit, den rosigwangigen Chibu Lama in Darjeeling kennenzulernen, der ihm, wie er betonte, »eine sehr wichtige Person« wurde. Er half bei der Beschaffung von religiösen sowie ethnographischen Artefakten, konnte dolmetschen, da er die Sprache der Lepchas und Bhotias verstand, und klärte ihn über Bergnamen und topographische Details auf. Als es zum Abschied kam, durfte sich Chibu Lama als »wohlverdiente Anerkennung« aus Hermanns Gerätschaften bedienen: Er wählte eine Sonnenuhr, Kompass und Reißzeug. »Ferner«, schrieb Hermann, »konnte ich ihn noch mit der Aufnahme eines Lichtbilds erfreuen, was ihm, wie er sehr herzlich mir gestand, umso willkommener war, da er wiederholt gefürchtet hatte, er könnte ebenfalls als einer der Typen tibetischer Rasse zum Abformen in Gips gewählt werden.«

Die angespannte Lage seit Campbells und Hookers Gefangennahme mit fatalen Folgen für den Radscha führte dazu, dass Hermann der Zutritt zu Teilen Sikkims verweigert wurde. Deshalb war er gezwungen, seine Forschungsarbeit auf die Singalila-Gebirgskette entlang der nepalesischen Grenze zu beschränken. Hermann machte sich in den ersten Maitagen, gemeinsam mit Diener Dhamji und mehreren einheimischen Trägern, von Darjeeling auf den Weg zu seinem ersten Ziel, dem etwas über 3000 Meter hohen Gipfel des Tonglo. Das Wetter war denkbar schlecht. Aus tief hängenden Monsunwolken regnete es immerzu in Strömen. Der matschige Pfad abwärts zum Kleinen Rangit-Fluss führte durch dichte Wälder, vorherrschend die immergrünen, zehn bis zwanzig Meter hohen Bäume der Gattung *Gordonia* aus der Familie der Teestrauchgewächse mit glänzenden dunkelgrünen Blättern. Zum Regen und zur Steilheit des Geländes kamen Schwärme von kleinen, schwarzen Mücken, deren Stiche sehr schmerzhaft waren und Schwellungen und Blutergüsse zur Folge hatten. Weit schlimmere Quälgeister aber waren die Blutegel, die so zahlreich in den feuchten Waldböden auftraten, dass es fast aussichtslos war, sich gegen die Blutsauger während der Nacht im Zelt zu schützen. »Das Einzige«, erklärte Hermann, »was man tun konnte, war, dass man die Halsöffnung und die Ärmel des Hemdes, ebenso an den Knöcheln die Pyjamas oder Nachthosen, mit Kattunstreifen umwickelte, welche breit genug waren, gut zu schließen.« Dennoch hatten sich am Morgen ein paar der Würmer irgendwo am Körper festgesaugt, was zwar keine Schmerzen verursachte, aber ekelhaft war.

Aus dem Rangit-Tal stieg die Gruppe zu der Ansiedlung Saimonbong auf, in der sich ein Lama-Tempel von schlichter Bauweise aus rohen Brettern befand. In unmittelbarer Nähe stand an einem Bach unter einem dichten Laubdach eine Gebetsmühle, deren hohe, lederbezogene Walze, auf der das Mantra »Om mani padme hum« aufgemalt war, durch ein Wasserrad klackernd um ihre Achse gedreht wurde. Hermann erwarb von dem dort ansässigen Mönch einige Gegenstände, darunter ein Paar kleine Handzimbeln, tellerförmige Metallbecken mit Lederschlaufen, die bei der Meditation und bei Opferungen geschlagen werden; eine Doppelflöte aus Holz mit zwei Spielröhren, ein schalmeiartiges Blasinstrument ebenfalls aus Holz und eine sogenannte Sanduhrtrommel mit einem hölzernen Korpus, der mit Tierhaut bespannt war.

Der Pfad zum Gipfel führte entlang eines steil ansteigenden Kamms durch tiefe, regenfeuchte Wälder von Eichen, Rhododendren und Magnolien, dazwischen auch Lorbeer-, Kastanien- und Walnussbäume. Ein bemerkenswertes Pflanzenphänomen dieser Berge zeigte sich an mächtigen Würgefeigen (*Ficus*-Arten), deren armdicke Luftwurzeln die Wirtsbäume fast bis zu den Kronen zu erdrücken schienen. In einer Höhe von 2700 Metern wurde das Gelände flacher, mit Bäumen, auf deren Stämmen sich Orchideen mit violetten Blütenbechern hochwanden, und immergrünen Sträucher als Unterbewuchs.

Am 9. Mai nachmittags erreichten Hermann und seine Männer die höchste Erhebung des Tonglo. Nebelschwaden zogen über das Plateau und erlaubten nur einen vorübergehenden Blick in das westlich liegende Nachbarland Nepal. Sie richteten ihr Camp zwischen zum Teil verblühten Rhododendren ein. Ein Vortrupp von Lepchas hatte bereits die Zelte und improvisierte Hütten aus einem korbartigen Geflecht aufgestellt. Hermanns erste Tätigkeit: Er packte das Barometer aus und stellte die Höhe mit 10 080 Fuß (3072 Meter) fest, dann maß er die Lufttemperatur, die er mit 7,4 Grad Celsius in sein Notizheft eintrug. Inzwischen hatten die Diener unter einem hohen Laubdach, das den Regen abhielt, in zwei Kesseln über offenem Feuer das Abendessen zubereitet. Die Dunkelheit brach rasch herein. Hin und wieder zerriss der Schrei einer Eule die Stille.

Am nächsten Morgen ließ sich Hermann vor Sonnenaufgang wecken, um ja keine der seltenen Gelegenheiten zu versäumen, »Zeichnungen und Messungen möglichst vollständig zu erhalten«. Er hatte Glück, die Nebel hatten sich verzogen, die Sicht auf die Himalaja-Gebirgswelt war ungetrübt, »die Gegensätze zwischen Licht und Schatten, je nach hoher oder tiefer Lage, nach östlicher oder westlicher Stellung des Gegenstandes, unerwartet groß. Am mächtigsten trat hier das Massiv des Kangchendzönga hervor.« Sein Resümee: »Ich hatte kaum während der ganzen Reise eine Woche lebhafterer Anregungen und angestrengterer Tätigkeit als jene, die ich auf dem Tonglo-Gipfel zubrachte.« Am 14. August 1855 verließ Hermann Sikkim, um in den nächsten Monaten Assam, die Khasia-Berge, das Tal des Brahmaputra und Bhutan zu bereisen.

Im Frühjahr 1856 trafen Hermann, Adolph und Robert in der ältesten britischen *hill station* Simla nach längerer Trennung wieder zusammen. Der Bergort liegt in 2200 Metern Höhe auf einem bewaldeten Höhenrücken des mittleren Himalaja und ist heute die Hauptstadt des Bundesstaats Himachal Pradesh.

Simla war gleichsam ein Mikrokosmos viktorianischer Pracht und Herrlichkeit. Wenn im Sommer in den Ebenen Nordindiens unerträgliche Hitze herrschte, siedelte der Machtapparat von Britisch-Indien für mehrere Monate in den Schatten der kühlen Kiefern- und Zedernwälder des Erholungsorts. Es herrschte, wie die Autoren Larry Collins und Dominique Lapierre in ihrem Buch *Um Mitternacht die Freiheit* bemerkten, eine »Atmosphäre von rauschenden Bällen und Ehebruch«; andere beschrieben den Ort als eine Bühne der Eitelkeiten und Intrigen. Zwischen der protestantischen Christ Church, deren Glocken aus erbeuteten Kanonen aus dem Krieg gegen die Sikhs gegossen worden waren, dem Sitz des Superintendenten, Barclays Bank und Clarks Hotel befand sich *The Mall*, eine vornehme Flaniermeile, die Inder (bis zum Ersten Weltkrieg) nicht betreten durften, auf der Klatsch und Tratsch blühte.

In Simla, nebenbei bemerkt, hielt sich im Sommer 1839 die achtzehnjährige, aus Irland gebürtige

Elizabeth Rosanna James, geborene Gilbert, mit ihrem Mann Thomas, einem weitaus älteren britischen Offizier, auf. Noch im gleichen Jahr kam es zur Trennung der Eheleute, und die junge, attraktive Frau kehrte nach Europa zurück. Sie lernte Spanisch, gab sich fortan als spanische Tänzerin aus und zog unter dem Namen Lola Montez quer durch Europa, wo sie durch zahlreiche Liebesaffären und Skandale von sich reden machte, ehe sie als Mätresse im Lotterbett von Bayerns König Ludwig I. landete.

Die Schlagintweits genossen die kultivierte Umgebung und die, wie Hermann betonte, lang entbehrte »europäische Geselligkeit«. Sie besuchten Bälle, Konzerte und den Amateur Dramatic Club, wurden zu Picknicks eingeladen, und sie trafen mit Lord William Hay, dem Chef der Station, zusammen, von dem sie wertvolle Informationen für die bevorstehende Reise in den Norden erhielten. Die East India Company hatte hier 1839 ein Observatorium für magnetische und meteorologische Beobachtungen installieren lassen, das von Lieutenant-Colonel Boileau geleitet wurde, der die Brüder seine Aufzeichnungen einsehen ließ; sie selbst führten auf einem kleinen Seitenkamm unter freiem Himmel ebenfalls erdmagnetische

Messungen durch, um erneut festzustellen, dass Humboldts Behauptung, die magnetischen Kräfte würden mit zunehmender Höhe abnehmen, nicht zutraf. Ferner nützten sie den gemeinsamen Aufenthalt, um ihre physikalischen Instrumente zu vergleichen, Beobachtungen auszutauschen und Aufzeichnungen zu vervollständigen.

Ende Mai brachen die Brüder von Simla auf; Hermanns Route führte zunächst in nordöstlicher Richtung entlang des Sadluj-Tals, dann wandte er sich nordwärts, durchquerte die sehr dünn besiedelte, gletscherreiche Gebirgslandschaft der Region Spiti und gelangte über den 5600 Meter hohen Parang-Pass an den Tsomoriri-Salzsee im Osten der Region Ladakh. Von dort drang er weiter nordwärts zum Pangong Tso vor, einem viel größeren, lang gezogenen Salzsee, der zu zwei Drittel auf tibetischer Seite liegt. Der kristallklare See von tiefblauer Farbe wird von ockerfarbenen, kahlen Bergketten umgeben. Im Sumpfland an seinen Ufern brütet eine anmutige Vogelart, der Schwarzhalskranich *(Grus nigricollis)*, ein großer schiefergrauer Vogel mit schwarzem Kopf und rotem Scheitelfleck, der heute zu den gefährdeten Arten zählt. Die Legende erzählt, dass die erleuchteten Wesen Tibets, die Dalai Lamas, sich der heiligen Kraniche bedienten, um auf ihren mächtigen Schwingen von Kloster zu Kloster zu schweben.

In einem Brief an den preußischen König, datiert vom 2. Juli 1856, erwähnte Hermann, dass er am Ufer des Hochgebirgssees mit seinen Begleitern aus Zeltstangen, Stöcken und zwölf aufblasbaren Schaffellen ein kleines Floß zusammengebaut habe, mit dem er quer über den See gepaddelt sei und an drei Stellen die Tiefe gelotet habe, wobei die tiefste 52 Meter betragen habe. Über den Gebirgspass Chang La erreichte Hermann Anfang Juli schließlich das 3500 Meter hoch gelegene Leh, den Hauptort der buddhistisch geprägten Region Ladakh, eine fast baumlose Mondlandschaft, die sich zwischen den Gebirgsketten Himalaja und Karakorum sowie dem oberen Tal des Indus erstreckt.

Adolph und Robert reisten die ersten zwei Wochen gemeinsam in nördlicher Richtung nach Kulu (Sultanpur) und Manali am Nordende des grünen Kulu-Tals, dann über den fast 4000 Meter hohen Rohtang-Pass nach dem Ort Keylong in der Provinz Lahaul. In dem Ort hatten die Herrnhuter eine Missionsstation eingerichtet, in der drei deutsche Missionare, die Brüder Jäschke, Heyde und Pagell, vor allem das Wort Gottes zu verbreiten versuchten. Bei ihren Besuchen in der Mission hatten

Adolph und Robert Gelegenheit, sich hauptsächlich mit Heinrich August Jäschke, Sprachforscher des Tibetischen, über ethnologische und linguistische Fragen auszutauschen. Welchen Eindruck die Schlagintweits damals hinterließen, beschrieb Jahre später August Hermann Francke, ebenfalls Herrnhuter-Missionar, der mehrere Jahre in Leh verbracht hatte, in einem Vortrag: »Sie besuchten auch unsere Station Kyelang [Keylong]. Diese Gelehrten sammelten alles: Käfer, Schmetterlinge, Inschriften, Schädel, Bücher. Bei allen diesen Arbeiten gingen ihnen die Missionare eifrig zur Hand, erhielten aber keinen Dank dafür. Vielmehr nahmen die Schlagintweits in großsprecherischer Weise allen Ruhm für sich allein in Anspruch, weshalb Bruder Jäschke einmal sagte: ›Die Schlagintweits führen einen falschen Namen, man sollte sie lieber Schlagaufsmaul nennen.‹« Der Vorwurf, sie seien großmäulig und geltungssüchtig, wurde auch später immer wieder erhoben.

In Keylong trennten sich die Wege der Brüder. Robert setzte seinen Marsch gegen Norden fort, dabei musste er noch drei Fünftausender-Pässe, den Baralacha, Lachalung und Taglang, überwinden, bis er einige Tage vor Hermann in Leh eintraf. Adolph marschierte in nordwestlicher Richtung, er überquerte den Shingo La, einen über 5000 Meter hohen Pass, und erreichte am 23. Juni Padum im Zanskar-Tal am Zusammenfluss von Doda und Lingti. Padum, 3550 Meter hoch gelegen, ist der Hauptort von Zanskar, einer kargen Gebirgsregion in Kaschmir, eingebettet zwischen der Zanskar-Kette und dem Himalaja-Hauptkamm. Adolph hielt sich einige Tage in Padum auf und nutzte die Gelegenheit, um einen Abstecher zum größten buddhistischen Kloster der Region, Karsha Gompa, aus dem 15. Jahrhundert zu unternehmen, das hoch über dem Doda-Fluss wie eine massive weiße Festung an einem schroffen Berghang thronte. Außerhalb des Ortes, auf dem Moränenschutt eines Gletschers, der, wie Adolph vermutete, einmal bis an den Rand des breiten Talgrunds gereicht hatte, stellte er seine Staffelei auf und hielt die Tallandschaft mit Padum im Mittelgrund fest.

Adolph war bestrebt, auf kürzestem Weg nach Baltistan im nordwestlichsten Teil Kaschmirs (der heute von Pakistan kontrolliert wird) zu reisen, um einige der Riesengletscher des Karakorum zu erforschen. Er wählte die Route über den Pensi-La-Pass in das Tal des Suru-Flusses. Dann wandte er sich nordwärts und erreichte am 4. Juli den Ort Dah am rechten Ufer des Indus, wo er für drei

Tage sein Lager aufschlug. Über den Chorbat-La-Pass gelangte er nach Khapalu am Unterlauf des Shyok, eines Nebenflusses des Indus; in den Shyok mündet das von Fünf- und Sechstausendern umgebene Tal des Hushe, der vom Schmelzwasser mehrerer Gletscher des östlichen Karakorum gespeist wird. Am nördlichen Talschluss liegt auf 3200 Metern Höhe der Ort Hushe, mit Blick auf das großartige Massiv des Masherbrum, mit 7821 Metern der siebthöchste Berg im Karakorum. Adolph traf am 14. Juli 1856 in Hushe ein, von wo aus er seine Gletschertouren startete.

Zunächst begann er seine glaziologischen Arbeiten auf dem Sospor-Gletscher südlich des Masherbrum, wechselte dann in das Kondus-Tal, um mehrere Tage den Sherpigang-Gletscher (damals Chorkonda-Gletscher) topographisch und morphologisch zu untersuchen. Danach stieß er weiter nach Norden vor, nach Shigar und Askole, einem entlegenen Ort im Braldur-Tal. Adolphs Absicht war es, eine gangbare Route über die Hauptwasserscheide des Karakorum in das chinesisch kontrollierte Turkestan ausfindig zu machen; er hielt den Mustagh-Pass für die beste Lösung. »Der Mustagh-Pass«, berichtet Adolph in einem Brief an den preußischen König, »ist ein hoher Gletscherpass, für Pferde ganz ungangbar, auch wenn unbeladen; auf der südlichen und nördlichen Seite befinden sich ausgedehnte Gletscher, ungleich größer in der Ausdehnung als die bedeutendsten Gletscher der Alpen. Erst in den obersten Dörfern des Gebirges erfuhr ich, dass der Weg über den Mustagh schon seit vier Jahren (seit 1852) völlig gesperrt sei, da die rohen Hunza-Stämme [ein Bergvolk aus dem Hunza-Tal], welche jenseits des Passes offen als Räuber leben, die Karawanen plündern und deren Leute als Sklaven nach Badachschan [eine afghanische Provinz im äußersten Nordosten des Landes] verkaufen.

Mit viel Mühe gelang es mir daher, etwa hundert der unternehmendsten Leute aus den obersten Dörfern zu bewegen, mich so weit wie möglich zu begleiten. Nach acht langen Märschen, wovon vier entlang des großartigen Mustagh-Gletschers [gemeint ist der Panmah-Gletscher] führten, erreichte ich die Höhe des Mustagh-Passes, circa 18 800 Fuß [5700 Meter]. Ausgedehnte Firnmeere breiten sich rings um den Pass aus. Weiter vorzugehen war unmöglich, da die Lager der feindlichen Hunza-Stämme sich sogleich am nördlichen Fuß des Passes befinden.« Sichtlich enttäuscht schloss Adolph seinen Bericht: »Ungefähr zehn starke

Märsche hätten mich nach Yarkand [in Turkestan, am westlich Rand der Wüste Taklamakan] geführt. Ich kehrte auf einem anderen Weg zurück und erreichte Skardu am 1. September.«

Skardu war und ist der Hauptort in Baltistan (damals Klein-Tibet) und liegt in einem breiten Tal am Zusammenfluss von Shigar und Indus. Der englische Kaschmir-Reisende Godfrey Thomas Vigne berichtete, er habe den Ort (»eigentlich eine Ansammlung verstreut liegender Häuser, schwerlich als Stadt zu bezeichnen«), den er Iskardo nannte, im September 1835 als erster Europäer besucht. Dort, schrieb er, habe er Gelegenheit gehabt, dem letzten eigenständigen Herrscher von Skardu und Baltistan, Ahmad Singh, zu begegnen, der im Gespräch den Anspruch erhoben habe, von Alexander dem Großen abzustammen. Fünf Jahre später wurde das Land von den hinduistischen Dogra-Rajputen überrannt und Ahmad Singh verschleppt und getötet.

Vigne reiste von Skardu nach dem Zentrum von Kaschmir, Srinagar am Dal-See, und begegnete dort im November 1835 dem »well-known Austrian traveller« und Naturforscher Carl Freiherrn von Hügel. Gemeinsam bewohnten sie zwei kleine, einstöckige Gebäude an einem Kanal nahe dem

Jhelam-Fluss, umgeben von Persischen Flieder-Büschen in hellem Lila. Der Brite genoss die »agreeable and scientific society« des Barons, dieser fand in Vigne »einen munteren Gesellschafter, dessen offener Charakter sich im ersten Augenblick der Bekanntschaft zeigt«. Bei Hasensuppe, frischem Lachs und Wildschwein-Schinken, von ihren Köchen aufgetischt, beschlossen die beiden, eine Zeit lang gemeinsam durch Kaschmir zu ziehen. Vigne selbst erforschte Kaschmir und Ladakh gründlicher und länger als irgendjemand vor ihm; und er war der Erste, der die nahezu unzugänglichen Gebiete Baltistans bereiste und darüber in seinem zweibändigen Werk *Travels in Kashmir, Ladak, Iskardo,* das 1842 in London erschien, berichtete. Seine auf eigenen Messungen beruhende *Map of Kashmir,* von dem hervorragenden Kartographen John Walker in Kupfer gestochen, war die beste und für alle folgenden Darstellungen maßgebende Landkarte. Darauf zum ersten Mal zu sehen: das große, den Indus-Bogen beherrschende Bergmassiv des Nanga Parbat (auf der Karte »Great Mountain of Diarmul«). Überholt wurde Vignes Karte erst durch jene von Captain Thomas George Montgomerie, Leiter der Vermessungsarbeiten in Kaschmir, die er im Winter 1858/59 im Hauptquartier der Vermessungsbehörde in Dehra Dun erstellte und die ebenfalls John Walker in Kupfer gravierte.

Adolph folgte von Skardu einer Karawanenroute über Astor (Hazora) in das Tal des wild schäumenden Astor-Flusses nach dem letzten Dorf Tashing (oder Tarishing) mit der Absicht, den Nanga Parbat und seine Gletscher zu erkunden. Es scheint, dass er bereits am 11. Juli, als er sich in Khapalu, jenem Ort am Unterlauf des Shyok, aufhielt, Auskünfte von Einheimischen über das Gebirgsmassiv erhielt; Adolph notierte an jenem Tag in sein Feldbuch: »Diamal – nicht Diarmal? – oder Nanga Parbet bei Haßora [Astor], und Maschebrum sollen die zwei höchsten Berge Balti's [Baltistans] sein.« Am 15. September erblickte er vom Gue- oder Nahanke-Pass (wie er ihn bezeichnete) aus, auf etwa 3800 Metern Höhe, den Bergriesen, eine eisgepanzerte Schönheit, die unmittelbar aus den umliegenden Tälern emporragte. Adolph empfand instinktiv tatsächlich den mächtigsten und höchsten Berg, den er je gesehen hatte, vor sich zu haben. Er überquerte den Gue-Pass, von wo er ein Aquarell des Panoramas der Diamir-Gruppe anfertigte, und gelangte in das Rupal-Tal, ein nach Osten geöffnetes Hochtal im Süden der Nanga-Parbat-Gruppe, dessen Hänge mit Koniferen (Fichten-, Kiefern- und Tannenarten), Wacholdersträuchern *(Juniperus turkestanica)* und Krüppelbirken *(Betula utilis)* bewachsen waren. Aus dem Tal erhebt sich fast senkrecht die 4500 Meter hohe Rupal-Flanke zum Hauptgipfel, die höchste Steilwand der Erde, gespickt mit Hängegletschern und tief eingeschnittenen Eisrinnen.

Die erste Durchsteigung dieser mörderischen Vertikale aus Fels und Eis bis zum Gipfel gelang Reinhold und Günther Messner im Sommer 1970. Beim Abstieg zeigten sich bei Günther Symptome von Höhenkrankheit, sein Tritt wurde unsicher, er schwankte und rang nach Luft; in 8000 Metern Höhe eine dramatische Situation. Weiter in der steilen Wand nach unten zu klettern, wäre für Günther in seinem Zustand ein unwägbares Risiko gewesen. Die einzige Chance, hinunterzukommen, war auf der unbekannten, weniger steilen Diamir-Flanke. Reinhold ging vor und versuchte, einen gangbaren Weg durch die Eisabbrüche und Spalten zu finden. Endlich am Wandfuß angelangt, fast schon in Sicherheit, kam Günther nicht nach. Reinholds Rufe nach ihm verhallten in der Eiswüste. Er ging zurück, suchte nach ihm und fand riesige Brocken einer Eislawine, die seinen Bruder begraben hatte. Reinhold überlebte mit schweren Erfrierungen an Händen und Füßen; was folgte, war ein jahrelanger, oft gehässig ausgetragener Streit um die Schuld an Günthers Tod.

Adolph verbrachte die nächsten Tage im mittleren und oberen Rupal-Tal; er legte Kartenskizzen an, nahm Temperatur- und Barometermessungen vor und beobachtete Gletscherbewegungen – was vor ihm noch niemand gemacht hatte. Zuletzt drang er bis an den Einstieg zum Mazeno-Pass vor, seinem obersten Lagerplatz auf der linken Moräne des Mazeno-Gletschers. Dort kam es, wie Adolph leider nur in einer knappen Notiz – »nachts Anfall der Chilas Leute« – festhielt, zu einem nächtlichen Überfall von als räuberisch verrufenen Bewohnern von Chilas, die aus dem von ihnen kontrollierten Bunar-Tal über den Mazeno-Pass gekommen waren. Es scheint aber für Adolph der Grund gewesen zu sein, mit seinen Begleitern umzukehren.

Adolph führte auch eine Anzahl von Höhenmessungen durch, und es ist anzunehmen, dass er auch die Höhe des Hauptgipfels ermittelt hatte. Durch seinen frühen Tod war es allerdings seinen Brüdern nicht möglich, die Daten auszuwerten. So wurde im zweiten Band der *Results* der »Diamer

Peak, or Nanga Parbat« mit 26 629 Fuß (8116,5 Meter) angegeben, jedoch mit der Anmerkung, dass die Messung auf Captain Montgomerie zurückgehe. Dieser hatte in einem »Memorandum on the Nanga Parbat, and other Snowy Mountains of the Himalaya Range adjacent to Kashmir«, erschienen im *Journal of the Asiatic Society of Bengal*, No. 4, 1857, erstmals seine Messdaten veröffentlicht und die geographischen Koordinaten des Gipfels mit 35° 14' 21" nördlicher Breite und 74° 37' 52" östlicher Länge angegeben.

Es gilt als sicher, dass Adolph der erste Europäer war, der das Rupal-Tal betreten hatte. Godfrey Thomas Vigne schrieb man zu, der erste Europäer gewesen zu sein, der im Sommer 1835 den Nanga Parbat zu Gesicht bekommen hatte. In seinem oben genannten Reisewerk schilderte er anschaulich diese Begegnung: Sein Diener Nasim Khan war vorgegangen und schrie plötzlich, Vigne solle ihm folgen. »Ich folgte ihm rasch, und jäh tauchte vor meinen Augen der in Luftlinie mehr als vierzig Meilen entfernte, doch viel näher scheinende überwältigende Gipfel des Diarmal oder Nanga Parbat auf, sich weit über alle anderen im Umkreis erhebend und gänzlich von Schnee bedeckt, außer dort, wo die Abhänge zu steil waren, als dass dieser daran haftenbleiben konnte. Er war teilweise von einem breiten Wolkengürtel umgeben, der spitz zulaufende Gipfel glitzerte im vollen Glanz der Morgensonne, sich vor dem klaren blauen Himmel dahinter abhebend, und bot wegen seiner abgesonderten Lage den Anschein außerordentlicher Höhe.«

Am 20. September verließ Adolph das Rupal-Tal, hielt sich wieder in Tashing auf und wandte sich dann südwärts mit dem Ziel Srinagar, das er am 9. Oktober 1856 erreichte.

Adolphs Pionierleistung geriet in Vergessenheit. Noch fast achtzig Jahre später erklärte ein Teilnehmer an der tragisch gescheiterten deutschen Nanga-Parbat-Expedition von 1934, der Kartograph und wissenschaftliche Leiter Dr. Richard Finsterwalder, in seinem Beitrag zum Expeditionsbericht von Fritz Bechtold *Deutsche am Nanga Parbat* (1935): »Wir hatten zu berücksichtigen, dass noch nie vor uns ein Wissenschaftler das Gebiet des Nanga Parbat betreten hatte.« Aber noch während Finsterwalder mit der wissenschaftlichen Auswertung der Expedition beschäftigt war, stellte ihm ein Nachkomme der Schlagintweits einen Farbdruck von Adolphs Nanga-Parbat-Panorama zur Verfügung und lenkte damit die Aufmerksamkeit auf Adolphs Forschungsarbeit. Finsterwalder reagierte und würdigte die Leistung »dieses Pioniers deutscher Wissenschaft am Nanga Parbat« in dem von ihm 1935 verfassten Werk *Forschung am Nanga Parbat*, dessen Frontispiz das erwähnte Panorama erstmals zeigte.

Der erste Mensch, der im August 1895 versuchte, einen Achttausender, nämlich den Nanga Parbat, zu erklimmen, war der englische Spitzenalpinist Albert Frederick Mummery; er und seine beiden Gurkha-Träger verschwanden jedoch beim Aufstieg zur Diama-Scharte auf Nimmerwiedersehen. Die Erstbesteigung des 8125 Meter hohen Nanga Parbat gelang schließlich am 3. Juli 1953 dem Tiroler Hermann Buhl im Alleingang ohne künstlichen Sauerstoff; Buhl war Mitglied der Deutsch-Österreichischen Expedition, die in Erinnerung an Willy Merkl stattfand, den Expeditionsleiter, der 1934 mit drei anderen Bergsteigern und sechs Trägern am »deutschen Schicksalsberg« ums Leben kam.

Der erste Versuch, für Deutschland einen Achttausender, eben den Nanga Parbat, zu erobern, fand im Sommer 1932 statt; schon damals leitete Willy Merkl die Expedition in den westlichen Himalaja. Ihm und seinem Freund Fritz Bechtold gelang es, auf der Rakhiot-Seite eine Höhe von 7000 Metern zu erreichen, doch anhaltende orkanartige

Schneestürme zwangen dazu, das Unternehmen abzublasen. Zurück in Deutschland, verkündete der 32-jährige Merkl selbstbewusst: »Er ist ersteigbar, er ist auf unserem Weg ersteigbar!« Ehrgeizig verfolgte er den Plan einer zweiten Expedition zum »nackten Berg«. Als Finanzier konnte Merkl die Reichsbahn, deren Angestellter er war, gewinnen, und er verstand es, die Presse und die Politik für seine Zwecke einzuspannen. Nach der Machtübernahme der Nationalsozialisten 1933 versicherte er sich der Unterstützung durch den Reichssportführer, SA-Gruppenführer Hans von Tschammer und Osten, der in Hinblick auf die Bedeutung des Unternehmens Schirmherr der Expedition wurde – und den Befehl ausgab: »Die Eroberung des Gipfels wird zum Ruhme Deutschlands erwartet!«

Am 25. März 1934 brach Willy Merkl mit neun erfahrenen Bergsteigern, sieben Reichsdeutschen und zwei Tirolern, sowie drei Wissenschaftlern zum Nanga Parbat auf. Die Anmarschroute über Astor war die gleiche wie 1932, auch das Basislager wurde an der gleichen Stelle eingerichtet. Das erste Todesopfer war Alfred Drexel, der Anfang Juni beim Aufbau von Hochlagern zu rasch aufgestiegen war und der Höhenkrankheit zum Opfer fiel. Am 4. Juli wurde Lager VI am Hauptgrad an jenem Platz aufgeschlagen, an dem Willy Merkl und Fritz Bechtold 1932 hatten aufgeben müssen. Drei Tage später befanden sich Willy Merkl, Willo Welzenbach und Ulrich Wieland bei Lager VIII auf 7450 Metern, in der sogenannten »Todeszone«, als in der Nacht ein furchtbarer Orkan losbrach, der ihre Zelte zerfetzte. Demoralisiert und am Ende ihrer Kräfte, stiegen sie im hüfthohen Neuschnee ab. Kurz vor Lager VII (in 7050 Metern Höhe) starb Wieland an Erschöpfung, vier Tage später Welzenbach. Merkl, begleitet von zwei Sherpas, schleppte sich, auf seinen Eispickel gestützt, mit erfrorenen Füßen den Grat hinunter. Wahrscheinlich am 16. Juli starb auch er unterhalb des Mohrenkopfs, mit ihm Gay-Lay, einer der Sherpas, der ihn nicht verlassen wollte. Der andere Sherpa, Angtsering, konnte sich, ebenfalls mit schweren Erfrierungen, nach Lager IV retten. Die toten Bergsteiger blieben im ewigen Eis, von Schneewehen begraben, auf dem Berg zurück; ihren Tod inszenierte die NS-Propaganda als »Opfertod«, der nicht sinnlos gewesen sei, denn sie sind als Helden für das neue Deutschland und den Führer »gefallen«.

Leh, Hauptstadt der Region Ladakh: Nach längeren, getrennt unternommenen Erkundungen trafen

Hermann und Robert Anfang Juli 1856 hier wieder zusammen. Leh ist ein jahrhundertealter Ort mit einer wechselvollen Vergangenheit, geprägt von Invasionen, Kriegen und Aufständen. Indo-Arier, Perser, Chinesen, Mongolen, Tibeter: eine ständige Abfolge von Machtübernahmen. 1834 eroberten Truppen des hinduistischen Dogra-Herrschers von Jammu, Gulab Singh, Ladakh und Leh.

Die Stadt liegt auf der rechten Talseite des Indus an einem sanft geneigten kahlen Berghang, der in eine fruchtbare Hochebene ausläuft. Von zahlreichen weiß getünchten Chörten, glockenförmigen Reliquienschreinen, flatterten himmelblaue und wolkenweiße Gebetsfähnchen im frischen Wind und schickten ihre Mantras in alle Himmelsrichtungen. Als Karawanserei war die Stadt ein wichtiger Stützpunkt für Kaufleute aus Hindustan, Afghanistan und Kaschmir auf dem Weg nach Turkestan, wie nach Khotan, Yarkand oder Kaschgar an der Seidenstraße. In den Sommermonaten drängten sich Hunderte Pferde, Kamele, Yaks, ja sogar Elefanten, beladen oder von ihren Lasten befreit, auf den freien Flächen, die erfüllt waren vom dumpfen Brüllen der Tiere und von Wolken aufgewirbeltem Staub. Wichtiger Umschlagplatz, besonders für Wolle, Stoffe und Tee, war der Basar, »der sich schon damals bedeutend über die Stadt hinaus erstreckte«, wie Hermann erwähnte. Hier sah er das erste Mal in Ladakh auch »Architektur von etwas größerem, monumentalem Charakter. Vor allem ist der am oberen Ende der Stadt sehr schön und frei gelegene Gyalpo- oder ›der Königs‹-Palast zu nennen; er hat sieben Stockwerke.« Die Königsresidenz, eine Miniaturausgabe des Potala in Lhasa, entstand im 16. Jahrhundert über der Stadt am Fuße des Tsemo-Berges unter der tibetisch-buddhistischen Namgyal-Dynastie und ist heute, bereits stark mitgenommen, für Touristen geöffnet.

Während ihres Aufenthalts in Leh bereiteten die Brüder ihre höchst gefahrvolle Exkursion nach dem chinesischen Teil von Turkestan vor. Gefahrvoll deshalb, weil ihnen zu Ohren gekommen war, dass die chinesische Regierung ihren Bevollmächtigten in Turkestan die Order erteilt habe, sollte ein Europäer in die Region eindringen und gefasst werden, so gehöre sein Besitz den Häschern, sein Kopf aber nach Peking – was nichts anderes zu bedeuten hatte als den Tod. Daher musste das gewagte Unternehmen streng geheim durchgeführt werden; darüber hinaus war es unerlässlich, einen orts- und sprachkundigen, vertrauenswürdigen Führer zu engagieren. Der Bhotia Mani Singh, der seit Milam zum Gefolge zählte, wurde beauftragt, eine solche Person in Leh ausfindig zu machen. Nach längerer Suche fand er einen Mann, der ihm geeignet erschien und bereit war, diese verantwortungsvolle Aufgabe zu übernehmen: Mohammad Amin, ein türkischstämmiger Händler aus Yarkand, der mit den Gegebenheiten, mit Karawanenwegen und Schleichpfaden bestens vertraut war. Angesichts der drohenden Gefahr wollten sich die Brüder absichern; dafür arrangierten sie eine grotesk anmutende nächtliche Szene, um Amins loyale Gesinnung zu prüfen. Diese fand in einem Zelt statt, das am flachen Dach ihres Hauses aufgestellt war und vom Schein zweier Kerzen beleuchtet wurde. Vor einer Kerze lag eine mit Gold gefüllte Börse, vor der anderen ein geladener Revolver, dazwischen ein Koran. Sie ließen Amin auf den Koran schwören, dass er sie treu führen, nicht im Stich lassen und nicht verraten werde. Die Brüder leisteten ebenfalls einen Schwur auf den Koran: Wenn er sein Versprechen erfüllte, gehöre das Gold ihm; wenn nicht, würden sie ihn wie einen Hund erschießen.

Am 24. Juli brachen Hermann und Robert von Leh gegen Norden auf. Mit dabei der Führer Mohammad Amin, Mani Singh, sechs Männer aus Yarkand, die im Basar von Leh angeworben worden waren, und Makshut, ein muslimischer Handelsmann in vorgerücktem Alter, der schon den britischen Kolonialbeamten William Moorcroft begleitet hatte, der sich in den Jahren 1820 bis 1822 in Ladakh aufhielt, als hervorragender Kenner des »hohen Plateaulands« galt und ein umfangreiches Reisewerk hinterließ. Mit sechs Reitpferden, dreizehn Packpferden und einer kleinen Herde von Schafen und Ziegen (als Proviant) folgte die Gruppe einer von Karawanen bevorzugten Route über den Khardung-Pass nach dem Ort Diskit am rechten Ufer des Shyok-Flusses. Den breiten, verzweigten Fluss zu übersetzen erwies sich als sehr schwierig und erforderte viele Stunden, weil weder ein Boot noch ein Floß zur Verfügung standen. Durch das Nubra-Tal gelangten sie zum Aufstieg auf den 5400 Meter hohen Sasser-Pass im südöstlichen Teil der Karakorum-Hauptkette, der über einen Gletscher ins obere Shyok-Tal führte. Der Pass war berüchtigt und galt als der gefährlichste entlang der Karawanenroute nach Turkestan ins Tarim-Becken. »Hier war es uns zum ersten Mal bemerkbar geworden«, notierte Hermann, »dass das Vorkommen von Pferdeskeletten zugleich die Richtung des Übergangs bezeichnete.« Am 2. August um zehn Uhr morgens erreichte die Gruppe die Passhöhe, es wurden die Zelte aufgeschlagen, um die nächsten zwei Tage physikalische und topographische Untersuchungen durchzuführen. Es war völlig windstill, das Panorama atemberaubend. Die klare Luft verdoppelte die Sichtweite. Wie riesige Gerippe lagen die nördlichen Gebirgskämme des Karakorum vor ihnen. Hermann konnte nicht widerstehen, den Rundblick zu aquarellieren, ungeachtet klammer Finger und schmerzender Augen durch gleißenden Firn.

Am 4. August stiegen sie vom Sasser-Pass gegen Osten in das Tal des Shyok ab, wobei ihnen »die Zerklüftung des Gletschereises«, so Hermann, zu schaffen machte. »Meist hat man dem äußeren Rand der Seitenmoräne zu folgen. Wo sich das Wasser angesammelt hat oder wo die festen Gesteine des Abhangs zu steil sind, muss man wieder die Moräne hinanklettern und sich auf dem Eis forthelfen. Wir selbst konnten uns mit den guten Schuhen, fest besohlt und stark genagelt, ungleich besser bewegen als unsere Leute. Am schlimmsten ist der Weg vom Sasser-Pass herab für die beladenen Pferde; zu reiten war über große Strecken gar nicht möglich. Infolge des häufigen Stürzens und der damit verbundenen heftigen Stöße und Reibungen durch die Belastung kamen die meisten der

Pferde äußerst erschöpft am Lagerplatz im Shyok-Tal an.«

An diesem Lagerplatz, den Hermann als »Dera Sassar« bezeichnete (und der vermutlich der heutige Ort Saser Brangsa war), war es nun für Hermann und Robert ratsam, sich als Turkestani zu verkleiden, um nicht in Gefahr zu geraten, als Eindringlinge enttarnt zu werden. »Wir hatten für uns einen mittelstarken Anzug und einen Pelzrock als schlafrockähnlichen Überrock, wie dort gewöhnlich, der oft genug auch des Nachts uns Schutz im Lager auf einer Filzdecke bieten musste«, erklärte Hermann; »die Kopfbedeckung waren runde Pelzmützen – vom Kopf zylindrisch, ohne Augenschutz, einige Zoll ansteigend und oben kugelförmig geschlossen – oder sehr eigentümliche weiße Hüte aus weichem Filz, die nach vorn eine weit vorstehende Krempe bildeten und hinten aufgeschlagen waren; sie waren leicht und bildeten doch dichten Schutz gegen die tagsüber oft sehr intensive Besonnung.« Ihre Bergschuhe, die sie verraten hätten können, belegten sie mit Filzlappen, die den Gamaschen der »Turkis« ähnlich waren und bis zur Mitte der Unterschenkel reichten; und um es den Einheimischen gleichzutun, ließen sie sich die Haare scheren.

Nachdem der Tross den Shyok-Fluss überquert hatte, ging es weiter in nördliche Richtung durch ein baumloses Tal mit steilen Abhängen beiderseits des Flusses. In dem felsigen Gelände war eine Schar Wildschafe mit eindrucksvollen, spiralförmig gedrehten Hörnern auszumachen, die beim Näherkommen der ersten Packpferde und Treiber flohen. Am Ende des Tals begegneten die Brüder und ihre Entourage zum ersten Mal einer Karawane aus Turkestan, die mit Pferden und Kamelen unterwegs war. Mohammad Amin wandte sich an den Karawanenführer und begrüßte ihn respektvoll mit Salam. Woher sie kämen, fragte der Anführer, und Amin antwortete, aus Leh. Rasch wurde Reisig gesammelt und Feuer gemacht. Makshut bereitete Tee zu, den er als Geste der Freundschaft zuerst den Karawanen-Männern in hölzernen Schalen reichte. Die Brüder gaben sich bewusst als Sahibs, als Weiße, zu erkennen. Sie hatten ihren Führer Amin angewiesen, auf Fragen das wahre Ziel ihrer Reise zu verschweigen und zu sagen, dass sie nur noch ein Stück der Route nach Yarkand folgen und dann nach Leh zurückkehren würden. »Es war dies das Beste«, erklärte Hermann, »was sie [die Karawanen-Männer] in Leh melden konnten, um über etwa auffallende Abwesenheit zu beruhigen; selbst wenn nach uns ausgesendet würde, blieben wir gedeckt, denn es war unser Plan, sobald wir die Karakorumkette überschritten hatten, den Yarkand-Weg zu verlassen und nach Khotan uns zu wenden.«

Am 8. August erreichten sie Daulat Beg Oldi, das letzte Lager vor dem Karakorum-Pass, 5060 Meter hoch gelegen, ein öder Platz auf dem Dapsang-Plateau, über den eisige Stürme fegten; keine Spur von irgendwelchen Tieren, keine Vegetation, bis auf ein paar vertrocknete Grasbüschel in Erdfurchen. Am nächsten Tag brachen die Treiber, geführt von Mani Singh, in der kalten Düsternis des ersten Morgenlichts mit den Lasttieren und dem Gepäck auf und überschritten den Pass, ohne sich, der dünnen Luft wegen, aufzuhalten. Hermann, Robert und Mohammad Amin folgten etwas später, nachdem Hermann eine Ansicht des Passes in einem größeres Aquarell festgehalten hatte, und erreichten auf ihren Pferden kurz nach Mittag die schneefreie Passhöhe, den mit 5575 Metern höchsten Punkt auf ihrer Route und die Grenze zu Chinesisch-Turkestan. (Heute das Uigurische Autonome Gebiet Sinkiang im äußersten Westen der Volksrepublik China.) Mit ihnen war noch ein Mann aus Yarkand, der das Pferd mit den physikalischen Instrumenten und der Zeichenrolle führte. Sie hielten sich bis gegen sechs Uhr abends auf dem nicht sehr breiten Sattel auf, um magnetische Beobachtungen anzustellen. Dann verließen sie den Pass und kamen erst spät am Abend im zartem Mondlicht bei den Zelten an, die der Vortrupp bereits aufgeschlagen hatte. Ein Diener versorgte sie mit frischer Tsampa, einem klebrigen Brei aus geröstetem Gerstenmehl, und Buttertee. Hermann nannte den Lagerplatz »Dera Bullu oder turkestanisch Brangsa Bullu«.

Acht Jahre vor den Schlagintweits, im August 1848, drang der schon erwähnte britische Botaniker Thomas Thomson von Leh durch das Nubra- und Shyok-Tal bis zum Karakorum-Pass vor (ob als erster Europäer, wie es hieß, ist nicht bewiesen). In seinem Werk *Western Himalaya and Tibet,* das 1852 in London herauskam, ging er von der irrigen Annahme aus, dass der Karakorum-Pass zum Kunlun-Gebirge gehöre und der Karakorum gar nicht existiere. »Die eindrucksvolle offene Ebene südlich des Karakorum-Passes«, schrieb er, »besetzt eine tiefe Wölbung nach innen in der großen Kette des Kunlun, die hier eine Kurve zu beschreiben scheint, deren Ausbuchtung in Richtung Norden weist.«

Thomsons Behauptung, von britischen Geographen unangefochten, wurde erst durch die Schlagintweits korrigiert, die, wie man sehen wird, beweisen konnten, dass es sich bei Karakorum und Kunlun um zwei gänzlich verschiedene Gebirgssysteme handelte.

Nach anstrengenden Märschen durch die staubige Hochwüste erreichte die Expedition am 12. August den Salzsee Kiuk Kiöl, wo sich die Männer zwei Tage Rast gönnten. An den Ufern des schmalen, aber fast 800 Meter langen Sees breitete sich dichtes Riedgras aus, wenn auch, wie Hermann bemerkte, »von geringem landschaftlichen Effecte«. Dennoch erschien den Brüdern der blaugrüne See als eine Oase in dieser vegetationslosen Gegend. Zahlreiche Trampelpfade zum See ließen darauf schließen, dass Scharen von Wildtieren, wie Tibetantilopen, wilde Yaks, Argali-Schafe und Kiangs (Wildesel) hier zur Tränke kamen. Für die Brüder und ihre Begleiter war das Seewasser wegen seines Salzgehalts und des modrigen Pflanzengeschmacks nicht trinkbar, sie behalfen sich mit dem Wasser aus einem nahen Bach. Um annähernd die Tiefe des Sees festzustellen, bastelte Hermann aus einer Rute, an deren Ende eine feste Schnur mit einem

Bleigewicht befestigt war, eine Angel, die er weit in den See auswarf; selbst gegen die Mitte war der See nicht mehr als drei bis viereinhalb Meter tief, stellte er fest.

Am 15. August verließ die Gruppe den Salzsee und folgte dem breiten, öden Tal des Karakash-Flusses. Einmal blieben die Brüder zurück, um Flussbreite und Tiefe der Erosion zu messen. Danach folgten sie den Spuren ihrer Begleiter im sandigen Ufer, verloren sie aber in der Dunkelheit, die unterdessen hereingebrochen war. Sie wollten zum anderen Ufer übersetzen, wo sie ihre Männer vermuteten, konnten aber in der Mitte des verzweigten Flusses keine Furt mehr finden. So waren sie gezwungen, auf einer kleinen, feuchten Sandbank auf durchnässten Satteldecken die Nacht zuzubringen; den Pferden banden sie mit Riemen die Füße zusammen, damit sie nicht abhauen konnten. Es plagte sie der Hunger, da sie kein Essen mithatten, und ihren Durst mussten sie mit eiskaltem, erdig schmeckendem Flusswasser stillen. Nach einer schlimmen Nacht, in der es geschneit hatte, suchten sie mehrere Stunden nach einem geeigneten Übergang, da der Fluss nun mehr Wasser führte. Gegen Mittag fanden sie schließlich ihre Karawane wieder. Der nächste Lagerplatz war Sumgal am rechten Ufer des Karakash, gesäumt von Weiden, Tamarisken- und Erbsensträuchern. »Das exklusive Gefühl, als wir endlich unsere Zelte erreichten«, erinnerte sich Hermann, »war Übermüdung bis zur gänzlichen Abspannung; Tee, auch warmes Fleisch in kleiner Menge wurden rasch genossen, dann folgte Schlaf.«

Sumgal war Ausgangspunkt für das Überqueren der zum Greifen nahen Kunlun-Gebirgskette, der Pfad mit unwägbaren Risiken verbunden. Dazu kam, dass sich die Gruppe in einer, wie Hermann es ausdrückte, bedrängten Lage befand. Von den ursprünglich neunzehn Pferden blieben ihnen nur mehr zwölf, die anderen waren unterwegs an Erschöpfung verendet. Ein anderes Problem war der Mangel an Nahrung, wobei es hin und wieder gelang, ein Wildschaf, einen Steinbock oder eine Antilope zu erlegen und davon eine Zeit lang zu zehren. Mit dem Führer Mohammad Amin wurde deshalb beratschlagt, wie auf kürzestem Weg die nächste Ansiedlung Bushia zu erreichen wäre, wo zu hoffen war, neue Pferde oder Yaks, Lebensmittel und Futter zu erhalten. Amin schlug vor, über den Elchi-Davan-Pass zu gehen, den er von früher her kannte. (Auf der Karte des Vermessungsbeamten William H. Johnson, der sich 1865 in diesem Gebiet aufhielt, wird der Pass als Hindu-tagh bezeichnet.) Ferner entschieden die Brüder, nur mit einem kleinen Trupp und vier Pferden weiterzuziehen. Neben Mohammad Amin wählten sie Makshut, als Dolmetscher, und einen der kräftigsten Yarkandi-Diener namens Adil. Der Rest der Männer blieb mit Mani Singh in Sumgal zurück. Die Instrumente zur Höhen- und Winkelmessung, Hypsometer, prismatischer Kompass, Vertikalkreis sowie ein Fernrohr und Waffen wurden unter den Männern aufgeteilt.

Nach drei Ruhetagen verließ die fünfköpfige Gruppe am 23. August um acht Uhr früh ihr Lager am Karakash-Fluss. Aber schon zwei Stunden später überfiel sie ein Unwetter mit heftigem Schneegestöber, das während des Aufstiegs zur Passhöhe unvermindert anhielt und den ohnehin sehr schlechten Weg zur Quälerei werden ließ. Um ein Uhr mittags hatten sie den 5450 Meter hohen windgepeitschten Übergang geschafft und verweilten eine Dreiviertelstunde, damit sich die ausgepumpten Pferde erholen konnten. Der Abstieg auf der Nordseite über eine steile Eiszunge mit zahlreichen Spalten erwies sich als verhängnisvoll. Hermann, Robert und Amin gingen angeseilt voraus, um einen Weg durch den Gletscherbruch zu suchen. Ihre zwei Pferde führten sie an langen Zügeln, damit diese ohne Last, dort wo es unumgänglich war, über die Spalten springen konnten. Die beladenen Pferde von Makshut und Adil schafften es aber nicht, die Spalten zu überwinden. Kurzerhand luden sie die Pferde ab und ließen das Zelt, die Bettdecken, den Koffer mit Geld und einige Instrumente auf dem Gletscher zurück; lediglich den bescheidenen Vorrat an Lebensmitteln und ein paar Scheite Holz nahmen sie mit. Dennoch kamen sie im steilen Firneis nur schrittweise voran, und als es dunkel wurde, schafften sie es nicht mehr, über den losen Felsschutt der Endmoräne zu den beiden anderen, die sich schon weiter unten befanden, abzusteigen. Das bedeutete, Hermann, Robert und Amin mussten ohne etwas zu essen, ohne Feuer und Decken bei Eiseskälte in ihren feuchten Kleidern auf dem Schnee übernachten. Als die grauenhafte Nacht zu Ende ging, stießen Makshut und Adil zu den Durchgefrorenen. Es wurde Feuer gemacht, Tee gekocht und das restliche Fladenbrot gegessen. Ihre missliche Situation verschärfte sich durch den Verlust zweier weiterer Pferde, die in der Nacht erfroren waren. Außerdem war nicht daran zu denken, die oben auf dem Gletscher zurückgelassene Ausrüstung und den Koffer mit Geld zu bergen. Was ihnen blieb, waren die Sättel, die man vielleicht verkaufen konnte, und ein Rest an Brennholz, der nach dem Frühstück übrig geblieben war.

Die Erlösung kam am 25. August, als sie in Bushia ankamen und auf solide Zelte, Hirten und Schafherden trafen. Der Empfang war freundlich. »Eine große Filzdecke wurde ausgebreitet«, berichtete Hermann, »auf welcher nach gegenseitigen endlosen Komplimenten und Zeremonien alles sich niederließ; baldigst folgte dann das Anbieten von Tee und Reis.« Die turkstämmigen Hirten hielten Hermann und Robert, die sich zu ihrer Verkleidung auch noch Gesicht und Hände mit einer gelbbraunen Paste gefärbt hatten, für indische Kaufleute. Die Brüder erklärten ihre prekäre Lage und baten um Hilfe mit dem Hinweis, dass sie gegenwärtig weder Geld noch andere Wertgegenstände anbieten könnten. Kein Problem, sie erhielten kräftige Ponys, Yaks, Schafe, Weizen und Gerste.

Das eigentliche Ziel der Expedition wäre die Oasenstadt Khotan, oder wie sie damals auch hieß Ilchi (Hermann nannte sie Elchi bzw. Eltschi), im Süden des Tarim-Beckens gewesen; von Bushia etwa zwei bis drei Tagesmärsche entfernt. Doch Makshut, der Dolmetscher, hatte in Erfahrung gebracht, dass sich vor Khotan chinesische Zollposten befänden, deren Beamte sehr streng kontrollierten und selbst gegen Einheimische voll Argwohn wären. Zu groß war die Gefahr, entdeckt und womöglich getötet zu werden. Deshalb gebot die Vernunft, den Rückweg nach Leh anzutreten; am 27. August verließen Hermann und Robert mit ihrer Gefolgschaft, gestärkt und mit frischen Tieren, Bushia.

Nach Hunderten Kilometern auf weglosen Pfaden durch teilweise unerforschtes Territorium außerhalb der britischen Einflusssphäre, nach durchgestandenen Entbehrungen und Qualen, trafen Hermann und Robert nach 51 Tagen wieder in Leh ein. Pflichtbewusst verfassten sie einen Brief an ihren König, Friedrich Wilhelm IV., datiert vom 24. September 1856: »Es war uns möglich, jenseits des Karakorum in das östliche Turkestan bis in die Nähe Elchi's [Ilchi], der Hauptstadt von Khotan [gemeint war die Provinz], verkleidet und unerkannt zu gelangen und so den Kuenluen [Kunlun] seiner ganzen Breite nach zu untersuchen.« Der Bericht enthielt ferner »nebst einem Itinerar und einigen allgemeinen Bemerkungen auch eine gedrängte Zusammenstellung einiger wissenschaftlicher Resultate«.

Srinagar, Kaschmirs Hauptstadt, Oktober 1856: Adolph kam vom Nanga Parbat und traf hier bereits am 9. ein. Von Leh folgten Robert am 17. und Hermann zwei Tage später. Nun waren sie seit Simla zum zweiten Mal während ihrer Expedition wieder beisammen. Sie bewohnten ein großräumiges Palais mit Park, in dem Zürgelbäume (eine *Celtis*-Art) mit breit ausladenden Kronen standen, direkt am Ufer des Jhelam-Flusses, das Maharadscha Gulab Singh seinen Gästen aus Europa zur Verfügung stellte. (Gulab Singh, ein Hindu aus dem Dogra-Clan, wurde 1846 mit britischer Hilfe erster Maharadscha von Kaschmir und Jammu, nachdem die Armee der Company jene des Sikh-Reichs in blutigen Schlachten besiegt hatte.)

Schon wenige Tage nach ihrer Ankunft erreichte sie eine Einladung des Maharadschas in seine Residenz Sher Garhi (die »Festung des Tigers«) am linken Ufer des Jhelam. Sie wurden mit dem Staatsschiff, einem schlanken, sehr langen Boot mit verziertem Vordersteven, das von 20 Männern an jeder Seite stehend gerudert wurde, von ihrem Quartier abgeholt und zur Anlegestelle der Residenz befördert. Gulab Singh war ein alter, kränklicher Mann (der acht Monate später starb), mit ergrauendem kurzem Vollbart, kreisrunden perlenbestückten Ohrringen, um dessen Kopf sich ein seidener Turban wand, den blassgrüne Schmucksteine aus Jade zierten; und er war, wie sich später herausstellen sollte, gerissen und habsüchtig. Das Empfehlungsschreiben von Generalgouverneur Lord Canning, das die Brüder überreichten, nahm er wohlwollend entgegen. Zudem übergab Robert als Geschenk ein Foto der Residenz Sher Garhi, das er nach seiner Ankunft aufgenommen hatte, was den Maharadscha sichtlich beeindruckte – es war das erste Mal, dass er eine Fotografie zu Gesicht bekam. Was Gulab Singh in der Unterredung nicht ansprach, war ein makabrer Vorfall, der sich Tage vor Adolphs Ankunft ereignet hatte. Mr Monteiro, der für die Sammlung zuständig war und sich, gemeinsam mit Guide Eleazar, schon seit einiger Zeit in Srinagar aufhielt, ließ eines Nachts den verwesenden Leichnam eines Gehenkten vom Galgen schneiden, um das Gerippe der Sammlung einzuverleiben. Der Verdacht fiel auf Monteiro, den Indo-Portugiesen, und man begann, in seinem Quartier nachzusehen. Der wusste sich nicht anders zu helfen, als den »ohnehin ganz Ausgetrockneten«, wie Hermann schrieb, in seinem Bett zu verstecken, wo man ihn nicht vermutete. Rasch wurde der Kadaver in eine Kiste gepackt, um später das Skelett freizulegen; doch dazu reichte die Zeit nicht mehr.

In Srinagar hatte sich mittlerweile ein Berg von zusammengetragenen Gegenständen angehäuft: Gesteins-, Boden- und Wasserproben, gepresste Pflanzen, Bälge von Vögeln und Säugetieren, Fische, Amphibien und Reptilien in Spiritus, Baumdurchschnitte und Pflanzensamen, Gesichtsabformungen in Gips, Menschenskelette, ethnographische Alltags- und Kulturgegenstände – und, wie aus einer Bemerkung von Hermann hervorgeht, zwei Kamele »einer seltenen, sehr guten Rasse« (mit zwei Höckern), die aus Turkestan stammten und für den Zoologischen Garten in Berlin vorgesehen waren (wo sie auch tatsächlich ankamen).

Die Brüder verließen Srinagar am 2. November mit dem Ziel Rawalpindi im Norden des Pandschab; ihre sperrige Sammlung hatten sie schon Tage vorher, auf drei Karawanen verteilt, vorausgeschickt. Der Pandschab wurde nach mehreren Kriegen 1849 von den Briten annektiert; das Land grenzt im Westen an Afghanistan und wird von fünf großen Flüssen durchflossen, die alle im südwestlichen Zipfel in den Indus münden. (Nach der Unabhängigkeit Indiens 1947 kam es zur Teilung des Fünfstromlands zwischen den Nachfolgestaaten, der Indischen Union und der Islamischen Republik Pakistan, was unfassbare Vertreibungs- und Fluchtbewegungen sowie Massaker zur Folge hatte.)

Rawalpindi war ein Kaff, aber eine der größten Garnisonen der Kolonialarmee in Indien. Der Grund war, den strategisch wichtigen Übergang nach Afghanistan, den Khyber-Pass, zu sichern, um mögliche russische Vorstöße aus Zentralasien nach Afghanistan und Indien zu vereiteln. Hermann notierte: »Der Eindruck einer zahlreichen Zivil- und Militärgesellschaft in einer Jahreszeit, die in diesem Teil Indiens dem europäischen Klima sehr ähnlich ist, war in unmittelbarer Folge auf die schwierigsten und entlegensten Routen unserer Reise umso angenehmer.« Viel Zeit zum Entspannen blieb den Brüdern nicht; vor allem musste die reichhaltige und wertvolle Sammlung katalogisiert, verpackt – wofür 84 Kisten erforderlich waren – und der Transport nach Europa organisiert werden. Mitten in diese Vorbereitungen platzte für Hermann die Nachricht, auf die er seit zwei Jahren sehnsüchtig gewartet hatte. Dank der diplomatischen Vermittlung des Generalgouverneurs in Kalkutta und des britischen Regierungsvertreters in Kathmandu, Colonel George Ramsay, erhielt Hermann nun die

Erlaubnis, das für Europäer kaum zugängliche Nepal zu besuchen.

Die Brüder nahmen ein letztes Mal voneinander Abschied. Adolph startete im ersten Morgenlicht des 13. Dezember nach Westen an die Außengrenze von Britisch-Indien nach Peschawar; er erkundete die Gegend um den Khyber-Pass und reiste danach südwärts durch das Indus-Tal nach Lahor, der Hauptstadt des Pandschab. Monate später brach er von Kulu (Sultanpur) zu seiner verhängnisvollen Tour nach Turkestan auf. Robert und Hermann folgten fünf Tage später. Robert reiste in Richtung Süden nach dem Sindh (am Unterlauf des Indus) und weiter nach Gujarat (in die Stadt Surat) bis Bombay, schiffte sich nach Ceylon ein und kehrte von dort im Mai 1857 nach Europa zurück. Hermann durchquerte mit seinem Diener Dhamji den indischen Subkontinent von West nach Ost, vom Pandschab nach Bengalen, bis an die Grenze zu Nepal.

Am 18. Februar 1857 traf Hermann in Kathmandu ein. Freundliche Aufnahme durch Colonel Ramsay, der seinen Gast und dessen Begleitung (Lieutenant Adams war dazugestoßen) einlud, in seiner »sehr schön gelegenen und vortrefflich ausgestatteten« Residenz zu wohnen. Kurz darauf Audienz bei Jang

Bahadur, dem despotischen Radscha, der durch Intrigen und Grausamkeiten einen Teil seiner Familie und Widersacher ausgelöscht hatte, um an die Macht zu kommen. Er liebte Windhunde, Hahnenkämpfe und große Pendeluhren und ließ, wie Hermann bei einem Gegenbesuch des Radschas in der britischen Residenz feststellte, »so lange nicht gereizt, ein ganz artiges Benehmen« erkennen. Bei dieser Gelegenheit führte Hermann dem Herrscher die Funktionsweise seiner besonders wichtigen Instrumente vor, den Sextanten und prismatischen Kompass, dazu sein Taschenmesser, eine Sonderanfertigung von Henschel in Berlin, das sich in drei Teile zerlegen ließ und mit vierzig verschiedenen Klingen und Werkzeugen bestückt war; das interessierte den Radscha am meisten.

In den folgenden Tagen unternahm Hermann meist zu Pferd Ausflüge in die umliegenden Berge. Von einem dieser Berge, Hermann nannte ihn Kaulia, 2127 Meter hoch, nordwestlich von Kathmandu, hatte er eine ausgezeichnete Fernsicht auf die höchsten Erhebungen der Himalaja-Berge. Er fertigte eine Zeichnung an, die das Profil, also die einzelnen Gipfeln der Gebirgskette, darstellte. Zurück in Kathmandu, fand er mit Hilfe des Radschas einige gelehrte Personen, sogenannte Pandits, die ihm die einheimischen Namen der Berge, die sein Panorama enthielt, nannten. »Sehr wichtig war mir«, erklärte Hermann, »dass ich den Namen Gaurisankar, jenen des höchsten bekannten Berges, erfuhr, der auch jetzt die allgemeine Verbreitung gefunden hat. Vom indischen Generalstabe war der Berg Nr. XV oder Mount Everest benannt worden, da man von den Ebenen aus, wo diese Messungen ausgeführt wurden, keine Angabe über den Namen erhalten konnte.« Mount Everest und Gaurisankar ein und derselbe Berg? Ein Irrtum, wie sich herausstellen sollte, der sich freilich in der geographischen Literatur noch lange hielt; erst durch Captain Henry Wood von der indischen Landesaufnahme, der sich im Herbst 1903 nach Nepal begab und von Hermanns Standpunkt auf dem Kaulia-Berg sorgfältige Messungen vornahm, wurde unmissverständlich klar, »dass Schlagintweits Gaurisankar und Mount Everest zwei verschiedene Gipfel sind; denn vom Kaulia aus gesehen, wird der Everest fast völlig vom Gaurisankar verdeckt, womit der Irrtum des deutschen Forschungsreisenden seine Erklärung findet« (*Petermanns Geographische Mitteilungen*, 50. Bd., 1904). Der Gaurisankar ist mit 7134 Metern der zweithöchste Berg im Rolwaling Himal, dessen Erstbesteigung erst am 8. Mai 1979

John Roskelley und Dorje Sherpa, einem Amerikaner und Nepalesen, gelang.

Zufrieden mit seiner orographischen Ausbeute verließ Hermann nach zwei Wochen Kathmandu; jenseits der Grenze, in Sagauli, befand er sich wieder auf bengalischem Boden, bei Patna überquerte er den Ganges und kam schließlich am 27. März 1857 in Kalkutta an. Wenig später begab er sich an Bord des Dampfers *Bengal*, der ihn nach Ägypten brachte. In Kairo traf er mit seinem Bruder Robert zusammen, der aus Ceylon gekommen war. Gemeinsam traten sie von Alexandria die Rückreise nach Europa an. In Triest gelandet, telegraphierte Hermann am 8. Juni an Alexander von Humboldt: »Hochverehrteste Excellenz! Robert und ich sind heute Triest angekommen. Adolph noch in Indien gehen direkte Berlin wo wir 17ten eintreffen.«

Adolph hatte sich in den Kopf gesetzt, als vermeintlich erster Europäer – 580 Jahre nach Marco Polo – die legendäre Oasenstadt Kaschgar an der Seidenstraße in Ost-Turkestan aufzusuchen. Danach wollte er nach Zentralasien vordringen und über Russland nach Deutschland zurückkehren.

Er startete Anfang Mai 1857 von Kulu (Sultanpur), nördlich von Simla, seine Expedition. Als Führer begleitete ihn Mohammad Amin, der Händler aus Yarkand, der schon Hermann und Robert auf ihrer Tour nach Turkestan geführt hatte. Der empfahl Murad, einen Pelz- und Seidenhändler aus Buchara gebürtig, als Karawanenführer. Ferner gehörten zum Gefolge: Adolphs Diener, Abdullah und Ghost Mohammad, zwei *Munshis* (Dolmetscher), zwei *Chaprassis* (Sicherheitsleute), *Schikaris* (Jäger), Träger und Pferdeknechte, insgesamt an die 20 Personen sowie Reit- und Lastpferde und drei Kamele, die vorwiegend das Futter für die Pferde transportierten.

Um nicht entdeckt zu werden, umging Adolph mit seinen Männern Leh und erreichte auf unerforschter Route durch das Chang-Chenmo-Tal die südlichen Abhänge der Karakorum-Hauptkette. Am 18. Juni überschritten sie den Chang-Lang-Pass (5740 Meter hoch) und stiegen in die Aksai Chin ab, eine knochentrockene, unfruchtbare Hochebene aus Stein, Wind und Luftspiegelungen. Zwei Tage ohne Wasser riefen den Unwillen der Männer hervor, sie begannen aufzubegehren und wollten umkehren. Adolph entschied, sich von jenen zu trennen, die am lautesten jammerten. Es sollte noch schlimmer kommen. Eines Nachts im Karakash-Tal südlich des Kunlun, wo sie ihr Lager aufgeschlagen hatten, nützten drei der Pferdeknechte Schneefall und Wind aus, um sich mit elf Pferden aus dem Staub zu machen. Einige Tage später, am 13. Juli, begegneten sie einer Karawane aus Yarkand, von deren Mitgliedern sie eine besorgniserregende Nachricht erhielten. Es gäbe in der Region eine Revolte muslimischer Krieger aus dem Khanat Kokand (das an Kaschgarien grenzte) gegen die chinesischen Machthaber. Ihr Anführer sei Wali Khan, ein tyrannischer, grausamer Warlord, der bereits in Kaschgar eingedrungen sei und unzählige Chinesen habe massakrieren lassen. Man riet Adolph dringend von einer Weiterreise ab. Aber nein – er wollte nicht aufgeben. Er sandte Mohammad Amin und Murad aus, die gegenwärtige Situation im Norden zu erkunden. Die beiden berichteten nach ihrer Rückkehr, sie hätten in Erfahrung bringen können, dass der Aufstand das nördliche Kilian-Tal (bereits in der Provinz Khotan) noch nicht erreicht habe. Also fasste Adolph am 4. August den Entschluss, den Kunlun über den Kilian-Pass zu überschreiten. Gleich nach dem Abstieg, am nächsten Morgen, schuf er ein großes Aquarell vom Pass und seiner Umgebung. »Ungeachtet der gefährdeten Lage, in welcher Adolph sich befand«, schrieb Hermann, »ist es, dem gewaltigen formenreichen

Gegenstande entsprechend, sorgfältig auch in den Einzelheiten durchgearbeitet.« Es sollte Adolphs letztes Bild sein.

Noch am selben Tag stieß die Gruppe auf den ersten bewohnten Ort im östlichen Turkestan namens Chisganlik. Am 9. August erreichten sie die Oase Kargalik (das heutige Yecheng) südlich von Yarkand, die wenige Tage zuvor von »wilden Horden« angegriffen und geplündert worden war. Warum Adolph angesichts der drohenden Gefahr nicht umkehrte, ist schwer nachvollziehbar. Dass er in großer Gefahr schwebte, schien ihm bewusst gewesen zu sein. Er übergab alle seine Aufzeichnungen, die Bilder und seinen entbehrlichen Besitz an jene Gefährten, denen er vertraute, und verabschiedete sich von ihnen. Die drei Kamele tauschte er gegen Proviant ein, den er den Heimkehrern mitgab. Zurück blieben vier Männer, Mohammad Amin, Abdullah, Murad, ein tibetischer Pferdeknecht und ein paar Pferde, mit denen Adolph nach Yarkand aufbrach, wo, als sie ankamen, ebenfalls gewalttätige Auseinandersetzungen stattfanden, denen sie noch ausweichen konnten. Am 25. August näherten sie sich vorsichtig der Umgebung von Kaschgar. Selbst hier verzichtete Adolph nicht darauf, die »Terrainverhältnisse« unter die Lupe zu nehmen. Tags darauf versuchte er, sich unentdeckt an Kaschgar vorbeizuschwindeln und das nordwestlich liegende Khanat Kokand zu erreichen, wo er sich Schutz erwartete. Doch die kleine Reisegruppe wurde von Wali Khans marodierender Soldateska unterwegs abgefangen und ins Lager des Warlords eskortiert, das außerhalb der Altstadt lag. Was nun geschah, berichteten später zwei Augenzeugen, Mohammad Amin in einem Brief und Abdullah persönlich, dem Commissioner in Peschawar, Lieutenant-Colonel Edwardes: Die »Mussalmans« fragten Adolph, der durch seinen hellen Teint auffiel, barsch, wer er sei. Er antwortete: ein Bevollmächtigter der East India Company auf dem Weg zum Khan von Kokand. Daraufhin beschimpften sie ihn, er sei ein Spion und seine Begleiter Verräter. Adolph verlangte, zu Wali Khan gebracht zu werden. Um den bösartigen Anführer milde zu stimmen, schickte er Mohammad Amin mit Geschenken zu ihm. Amin kam zurück, gefolgt von einem Vertrauten des Khans, der eine Aufstellung des gesamten Gepäcks forderte und Adolphs Waffen konfiszierte. Dann brachte man Adolph, Mohammad Amin und Abdullah zu Wali Khan, der sie mit haschischumnebeltem Blick fixierte. Adolph beschwerte sich über die unwürdige Behandlung, er sei Forschungsreisender und es liege ihm fern, zu spionieren. Der Khan reagierte wütend und befahl, Adolph zu töten. Ein Soldat wollte seine Hände auf den Rücken binden, doch Adolph leistete verzweifelt Widerstand, er trat um sich, doch die Übermacht war zu groß. Er wurde auf einen freien Platz geschleppt, wo ihn ein Säbelhieb unter dem rechten Ohr traf, ein zweiter am Kopf. Blutüberströmt sank er zu Boden. Da er noch Lebenszeichen von sich gab, durchschnitt man ihm mit einem Dolch die Kehle. Der wilden Grausamkeiten nicht genug, wurde sein Kopf mit einem Hieb vom Körper getrennt. Es war der 26. August 1857, Adolph erst 28 Jahre und ein paar Monate alt. Sein blutverschmierter Kopf landete auf einem Haufen abgeschlagener, bereits verwesender Köpfe. Der Tibeter, weil vermeintlich ein »Katai«, ein Chinese, wurde noch am Abend des gleichen Tags ermordet. Abdullah, der Kaschmiri, wurde als Sklave verkauft, konnte aber später freikommen. Murad, jüdischer Abstammung, konvertierte zum Islam und rettete damit sein Leben. Er und Mohammad Amin waren 35 Tage gemeinsam in einem Verlies gefangen, bis sie von chinesischen Truppen, die Kaschgar zurückerobert und Wali Khan vertrieben hatten, befreit wurden.

Am 9. September 1861 verfasste Lord William Hay, Deputy Commissioner von Simla, einen an Hermann und Robert Schlagintweit adressierten Brief. Darin teilte er ihnen mit (»You will be glad to learn«), er sei nun im Besitz von Adolphs Notizbuch, das 111 Seiten enthalte, davon 92 eng beschrieben, wobei der letzte Eintrag vom 11. August 1857 stamme; und eines Schädels, der angeblich jener von Adolph sei. Erhalten habe er die traurigen Überreste von einem persischen Reisenden aus Herat namens Mirza Abdul Vadad. Dieser hatte sich in Kaschgar aufgehalten und von Adolphs Enthauptung erfahren. Er dachte, vielleicht gibt es eine Belohnung für Dinge aus Adolphs Besitz; er begann zu suchen. Zufällig sah er, wie ein Tabakhändler aus einem Büchlein Seiten herausriss und damit kleine Mengen Schnupftabak einwickelte. Der farbige Einband des Büchleins machte ihn stutzig, er überredete den Händler, es ihm zu verkaufen. Es war Adolphs Notizbuch. Wenig später erzählte ihm ein Bauer, dass er den abgeschlagenen Kopf des Fremden auf einem Baum gefunden habe, unter dem er Melonen anbauen wollte. Er vergrub ihn in seinem Feld. Der Mirza suchte an der Stelle, die ihm der Bauer gezeigt hatte, und fand den Schädel in der Gewissheit, es sei jener von Adolph.

Kurioserweise tauchte auch noch ein zweiter Schädel bei den britischen Behörden auf. Überbracht hatte ihn Murad, Adolphs Karawanenführer, der bei einer Befragung aussagte, er habe den Schädel zehn Monate nach der Ermordung seines Herrn von einem Barbier in Kaschgar erworben. Dass es der Schädel seines Herrn sei, habe er an der Stellung der Zähne erkannt.

Der Sekretär des Government Pandschab übergab die Schädel einem zivilen Chirurgen in Lahore, Dr. Smith, der sie sorgfältig untersuchte und zu dem Schluss kam: beide Schädel seien zwar gewaltsam vom Rumpf getrennt worden, es sei aber ausgeschlossen, dass sie von Europäern stammten.

An jenem Platz in Kaschgar, wo sich die blutige Tragödie ereignet hatte, wurde 30 Jahre später zu Adolphs Ehren ein Denkmal errichtet. Die Initiative ging von Nicolai Petrowski, dem russischen Generalkonsul in Kaschgar, und der Kaiserlichen Russischen Geographischen Gesellschaft aus. Das sechs Meter hohe Mahnmal bestand aus einem quadratischen Sockel, auf dem eine Art Pyramide stand, aus deren Spitze ein eisernes Kreuz ragte. Dicht über dem Sockel war eine vergoldete Kupfertafel angebracht, auf der in erhabenen Buchstaben stand: »Dem Reisenden Adolph Schlagintweit gefallen zu Kaschgar als Opfer seiner hohen Ergebenheit für die geographische Wissenschaft.« Sieben Jahre später hielt sich der schwedische Forschungsreisende Sven Hedin in Kaschgar auf und fand das Denkmal – »vom Hochwasser zerstört« – nur mehr als Steinhaufen vor.

Berlin, Juni 1857: Nach 32 Monaten und 27 Tagen waren Hermann und Robert in Preußens Hauptstadt angekommen; von ihrem Bruder Adolph waren sie ohne Nachricht, sie wussten nicht, wo er sich gerade befand. Humboldt empfing die Brüder im Salon seines Domizils in der Oranienburger Straße 67 und ließ sich, bei einem Gläschen Burgunderwein, über ihre Himalaja-Forschungen berichten. Humboldts greisenhafte Schwäche und fahle Gesichtsfarbe ängstigte die Brüder und rührte sie zugleich. Nach seinem gesundheitlichen Befinden befragt, sprach er von der Plage seines Alters, dem Hautjucken, es verstärke sich und könne von Schönlein, seinem Arzt, nicht gelindert werden. Sie unterhielten sich über ihr Beobachtungsmaterial, das sehr umfangreich sei, und über ihre Sammlung, die aus mehr als 20 000 geologischen, botanischen, zoologischen und ethnographischen Objekten bestünde. Dazu kämen noch die lebenden Tiere für den Zoo in Berlin: ein Paar Wildesel (*Indian Onager*, die Robert im Dezember 1856 in der Provinz Sindh erworben hatte), zwei Pferde, ein Hengst und eine Stute, aus Khotan und die (bereits erwähnten) beiden zweihöckerigen Kamele, ebenfalls aus Turkestan. Als einen wichtigen Bestandteil der Sammlung erwähnte Hermann die zahlreichen Zeichnungen und Aquarelle, vor allem von Landschaften, die er und Adolph angefertigt hatten, sowie zahlreiche von ihnen aufgenommenen Fotografien. Humboldt lächelte zufrieden, er hatte sich nicht getäuscht in seinen »kenntnisvollen, vortrefflichen Freunden«, und er äußerte den Wunsch, so bald wie möglich einen Blick auf die Sammlung werfen zu können (was an einem kalten Wintertag desselben Jahres auch stattfand).

Friedrich Wilhelm IV., der durch Humboldt über die Expedition gut unterrichtet war, stellte den Brüdern bei einem Wiedersehen Räume im Schloss Monbijou am Spreeufer zur Verfügung, damit sie die unzähligen Kisten, die, mit Zustimmung der East India Company, von London an die Spree befördert wurden, auspacken und den Inhalt ordnen konnten. Neben der Aufarbeitung der Sammlungsgegenstände begannen die Brüder an ihrem groß angelegten Werk in englischer Sprache zu arbeiten, finanziert ebenfalls von der Company: den *Results of a Scientific Mission to India and High Asia*. Alles was sie an Daten und Erkenntnissen rastlos gesammelt hatten, sollte in neun Bänden festgehalten werden, wobei der letzte ganz im Sinne von Humboldts *Ansichten der Natur* eine Darstellung des Bildes der Natur darstellen sollte, verbunden mit den wesentlichen physischen und geologischen Verhältnissen; doch nach nur vier Bänden und einem Atlas (mit Panoramen, Ansichten und Farblithographien einer Anzahl von Aquarellen) gaben sie auf; sie waren förmlich von ihren Faktenbergen erdrückt worden, zudem fehlte die Arbeitskraft von Bruder Adolph, von dessen tragischem Tod sie inzwischen erfahren hatten; der erste Band erschien 1861, der letzte 1866 in Leipzig und London. Schon der erste Band erregte, wie wir sehen werden, den Unmut britischer Naturforscher (und alter Feinde wie des Botanikers Joseph Dalton Hooker). Der Band enthielt einen einleitenden Bericht über die zurückgelegten Wegstrecken (Itinerar), einen Anhang über ihr Begleitpersonal, ihre Sammlungstätigkeiten, Kartenmaterial und astronomische und magnetische Beobachtungen.

Hermann und Robert wurden nach ihrer Rückkehr überschwänglich gefeiert. Die Leipziger *Deutsche Allgemeine Zeitung*, zum Beispiel, lobte ihre Forschungsreisen als eine der »großartigsten wissenschaftlichen Unternehmungen der Neuzeit« und prophezeite, dass der Name Schlagintweit »für alle Zeiten als leuchtendes Meteor am wissenschaftlichen Himmel erglänzen wird«. Sie wurden mit Orden und Medaillen überhäuft, und wissenschaftliche Gesellschaften und Akademien beeilten sich, sie zu Mitgliedern und Ehrenmitgliedern zu ernennen. Der Ehrungen nicht genug, ersuchten die Brüder den bayerischen König Maximilian II. um Erhebung in den Adelsstand mit dem Argument, eine Nobilitierung würde ihre Position in London bei Verteilung der Sammlungsgegenstände (natürlich auch für Bayern) erheblich stärken; dem Gesuch wurde stattgegeben. Zum Standesbewusstsein gehörte natürlich auch ein Adelswappen, das sie gemeinsam mit dem Kunsthistoriker und Zeichner Jakob Heinrich von Hefner-Alteneck entwarfen. Inspiriert war das Wappen von ihrer Asienreise; den Schild umgab eine rote Bordüre, die an das Siegel des buddhistischen Klosters Mangnang erinnern sollte, das sie besucht hatten. Schildhalter waren zwei bengalische Tiger, schwarz-gelb gestreift. Der Wahlspruch unter dem Schild »Deo Duce Ferro et Penna«, »Unter Gottes Führung mit Schwert und Feder«, verwies auf die wissenschaftliche Eroberung Hochasiens. Kurz darauf konnte Hermann seinem Nachnamen den exotisch anmutenden Titel »Sakünlünski« hinzufügen, verliehen von der Literarischen Gesellschaft zu Kasan in Tatarstan, in Anerkennung seiner »Übersteigung« des Kunlun-Gebirges.

Ihre öffentlichen Auftritte, die oft als großspurig empfunden wurden, reizte das Berliner satirische Wochenblatt *Kladderadatsch,* sie durch den Kakao zu ziehen. Als »Gebrüder Schnabelweit« verunglimpft, wurde ihnen in der Ausgabe vom 9. August 1857 unter dem Titel »Bericht der berühmten Reisenden über ihre berühmte wissenschaftliche Reise nach dem Himalaya« eine Rede in den Mund gelegt, die sie in der fiktiven Akademie der Wissenschaft zu Disteldingen gehalten hätten: »So kamen wir denn nach Asien«, hieß es am Schluss, »und begaben uns auf dem kürzesten Wege nach dem Kamm des Himalaya, wo wir während eines mehrjährigen Aufenthalts die Angaben des Brockhaus'schen Conversations-Lexikons und der Pierer'schen Encyclopädie so vollständig bestätigt fanden, daß wir mit Vermeidung aller Weitläufigkeiten und unnützen Wiederholungen uns schließlich begnügen dürfen, Sie in Betreff der Einzelheiten unserer Reise und ihrer wissenschaftlichen Resultate auf die betreffenden Artikel der genannten beiden, ebenso gediegenen als leicht zugängigen Werke zu verweisen.«

Ihr Bedürfnis nach Anerkennung führte Hermann und Robert im Oktober 1857 nach Paris, wo sie vor der Académie des Sciences einen Vortrag hielten, dessen Abdruck, betitelt *Aperçu sommaire des résultats de la Mission scientifique dans l'Inde et la haute Asie,* rasch die Runde machte. Darin fiel auf, dass sie geflissentlich die Arbeiten ihrer britischen Vorgänger ignorierten und vorgaben, die Ersten überhaupt gewesen zu sein, welche die Region Ladakh erforscht hätten. Das und andere Äußerungen verletzten die patriotischen Gefühle des wissenschaftlichen Establishments in London. *The Athenaeum,* als Sprachrohr der Wissenschaft, revanchierte sich prompt am 31. Oktober 1857 mit einem bissigen Artikel: »Nun denn, die Herren Schlagintweit sind zurückgekehrt und haben der Welt ihr Geheimnis verraten. Wie es scheint, waren sie auf einer Entdeckungsreise; und falls wir ihren Bericht richtig verstehen, behaupten sie, in Oberindien einen Gebirgszug namens Himalaya entdeckt und das Gebiet zwischen Bombay und Madras durchquert zu haben. Ihre Reisen auf ausgetretenen Pfaden werden zu einer ›gründlichen Erforschung Asiens‹ stilisiert, und dann teilt man uns noch mit, dass der höchste aller weltweit bekannten Gipfel laut ihren Messungen der Gaurisankar sein soll! Die preußischen Herren, so erkennen wir, haben Tibet erschlossen und sind drauf und dran, Indien in Europa bekannt zu machen. Wir in England hegten die Vorstellung, ein wenig über Indien Bescheid zu wissen und etwas dazu beigetragen zu haben, dessen physikalische und geographische Gegebenheiten unseren Brüdern in der Wissenschaft in Europa und Amerika zugänglich zu machen. Aber wie es jetzt scheint, litten wir unter sonderbaren Illusionen. Zweifellos waren die beiden Gerards, Vigne, Moorcroft, Thomson, die beiden Cunninghams, Hooker und die beiden Stracheys – alle die Männer, von denen wir wähnten, sie hätten Tibet erschlossen – Mythen! [...] In schlichten Worten, die Mission dieser drei deutschen Herren – von der Art ihrer Bestellung bis zu der Vorspiegelung wissenschaftlicher Resultate – ist eine schwere Beleidigung der Mühen, Errungenschaften und des Angedenkens an die Wissenschaftler, die sich mit Indien befassten, seien sie nun am Leben oder tot.

[...] Einstweilen erklären wir unumwunden, dass jene Tatsachen, die entdeckt zu haben sie behaupten, *allen* englischen Wissenschaftlern bekannt waren, noch bevor die deutschen Reisenden einen Fuß auf indischen Boden setzten. Die Mission war zunächst nur Spekulation, doch sie endete in Prätentionen, die lächerlich und entwürdigend sind.«

Die Abrechnung mit den Schlagintweits war eröffnet; ebenso mit der East India Company als deren Finanziers (die nach dem blutigen Sepoy-Aufstand im August 1858 vom Parlament verstaatlicht wurde) und der Royal Geographic Society als deren Förderer.

Das Satireblatt *Kladderadatsch* griff die Kritik aus England auf und höhnte weiter: »Es ist in der That empörend zu lesen, wie die armen drei Gebrüder Schlagintweit jetzt in den Englischen Blättern heruntergerissen werden. Zehntausend Pfund Sterling für drei arme Reisende ist doch wahrlich nicht zu viel, wenn man die Gewissenhaftigkeit bedenkt, mit welcher die gelehrten Forscher zu Werke gegangen und stets darauf bedacht gewesen sind, in ihre Berichte nur solche Mittheilungen aufzunehmen, deren Zuverlässigkeit bereits durch die glaubwürdigsten Zeugnisse anderer bedeutenderer Autoritäten verbürgt waren.«

Die Briten hatten im Fall der Schlagintweits wenig übrig für Satire, ihnen war es bitterernst. Als nun, wie erwähnt, 1861 der erste Band der *Results* erschienen war, brach ein Sturm der Entrüstung aus: »Es besteht allerdings der Verdacht, dass die Bestellung [der Schlagintweits] eine der gigantischsten Schiebungen war, die je den Annalen der Wissenschaft zur Schande gereichten«, war im *Athenaeum* vom 17. August 1861 zu lesen. »Es gibt Leute, die glauben, dass zumindest einer der neun dicken Bände, aus denen die ›Results & c.‹ bestehen sollen, überzeugende Beweise liefern könnte, dass die Autoren wirklich das sind, was sie zu sein vorgeben – Forschungsreisende ersten Ranges. Nach den uns vorliegenden Proben zu urteilen und danach, was wir ihren vorangegangenen Veröffentlichungen entnehmen, teilen wir diesen Glauben nicht. Trockene technische Einzelheiten können nie als Resultate schwer verständlicher Wissenschaft durchgehen. Stets nach dem urteilend, was bereits der Öffentlichkeit zugänglich ist, halten wir die Brüder Schlagintweit für vollkommen unfähig, eine umfassende Sicht auf irgendein x-beliebiges Thema zu liefern; und wir vermuten, die allgemeine Ansicht der wissenschaftlichen Welt richtig wiederzugeben, wenn wir behaupten, dass sie wissenschaftliche Beobachtungen *aufnehmen*, aber nicht *machen* können. Man lege ihnen ordentliche Instrumente in die Hände, und sie werden astronomische, magnetische und meteorologische Beobachtungen präzise durchführen; aber man bitte sie, einen auf ihren Beobachtungen oder auf dem, was sie mit eigenen Augen gesehen haben, beruhenden erschöpfenden Bericht zu liefern, und sie werden Sie gründlich enttäuschen.« Zum Schluss hieß es: »Das breite Publikum wird ihr Werk unlesbar finden, und Männer der Wissenschaft werden seufzen, durch unzählige Seiten waten zu müssen, bevor sie versuchen können, den wenigen Weizen von so viel Spreu zu sondern.«

Mit ein Grund für die vernichtende Kritik waren zweifellos die exorbitanten Kosten (britische Kritiker sprachen von 14000 bis 18000 Pfund), die für das Unternehmen aufgewendet wurden; finanzielle Mittel, die britischen Forschern hätten zugutekommen können. Vielleicht hätte Alexander von Humboldt, wäre er nicht bereits am 6. Mai 1859 gestorben, die Schlagintweits durch sein Prestige gegen die Angriffe in Schutz nehmen, sich ihnen widersetzen können. Sein Tod jedenfalls war ein schwerer Schlag für die Brüder, die ihren großen Förderer und Freund verloren hatten. Die schockierenden Anfeindungen der britischen Kollegen trafen gewiss ihr Selbstgefühl, ihren Stolz; mit Hilfe einflussreicher deutscher Publizisten, wie dem Herausgeber von *Petermanns Geographischen Mitteilungen*, setzten sie sich zur Wehr. Ihren Widersachern warf man vor, nur Neid und Missgunst würden sie leiten, sie könnten es nicht ertragen, von deutschen Forschern in den Schatten gestellt worden zu sein.

Noch vor Erscheinen des ersten Bandes der *Results* entschlossen sich die Brüder zur Rückkehr nach Bayern, nachdem sie vom Preußischen Hofmeisterstab aufgefordert worden waren, das Schloss Monbijou in Berlin zu räumen. Mit ihrem elterlichen Vermögen und dem Erbteil ihres Bruders Adolph kauften sie im Oktober 1860 das barocke Jagdschloss Jägersburg bei Forchheim in Oberfranken, wohin sie auch den Großteil ihrer Sammlung überführen ließen. Hier entschloss sich Hermann, obwohl von Malaria, mit der er sich in Indien infiziert hatte, geschwächt, einen deutschsprachigen Reisebericht zu verfassen. Beharrlich begann er erneut, die in unzähligen Foliobänden enthaltenen handschriftlichen Aufzeichnungen zu durchforsten und das, was er für wichtig hielt, in seinem

Werk niederzuschreiben; seine guten wie schlimmen Erlebnisse, die er sich ins Gedächtnis zu rufen versuchte, bildeten, wie er sagte, das schmückende Beiwerk.

Der erste Band erschien 1869 in Jena, zwölf Jahre nach der Rückkehr: *Reisen in Indien und Hochasien. Eine Darstellung der Landschaft, der Cultur und Sitten der Bewohner, in Verbindung mit klimatischen und geologischen Verhältnissen,* vorgestellt von Hermann von Schlagintweit-Sakünlünski. Das Projekt schwoll an. Schließlich wurden es vier Bände, deren letzter elf Jahre nach dem ersten, 1880, herauskam. »Hermann fühlte sich bei dem zusehenden Schwinden seiner Gesundheit der Arbeit nicht gewachsen und die Aufgabe der Zusammenfassung der Einzelarbeiten zu einem harmonischen Ganzen blieb ungelöst«, schrieb der jüngere Bruder Emil 1890 in einer Biographie über seine Brüder. Emils Meinung lässt sich hinzufügen: Hermanns Reisewerk ist hölzern im Stil, arm an anschaulichen Beschreibungen, weitschweifig und langweilig.

Hermanns Gesundheit war durch die Strapazen der Reise angegriffen, er hatte seine Kräfte bei dem Versuch, in Humboldts Fußstapfen zu treten, verbraucht; am 19. Januar 1882 starb er, nach langem

Leiden, 55 Jahre alt und ledig, in München. Sein Geltungsbedürfnis sollte über seinen Tod hinausreichen; wenn schon seine sterblichen Überreste der unaufhaltsamen Verwesung anheimfallen würden, sollten wenigstens sein Schädel und Gehirn der Nachwelt erhalten bleiben; testamentarisch hatte er die Aufbewahrung in der Sammlung berühmter Männer der Königlichen Anatomie verfügt.

Robert wurde es im abgelegenen Schloss Jägersburg langsam zu eng. Er zog es vor, auf Vortragsreisen zu gehen, die ihn durch das Deutsche Reich, die Schweiz, Österreich, Ungarn, die Niederlande und die russischen Ostseeprovinzen führten. In stets ausverkauften Sälen unterhielt er das Publikum mit seinen Abenteuern in Hochasien, zeigte Landkarten, Fotos, Zeichnungen und stereoskopische Bilder. Dazwischen, im Februar 1864, erhielt er eine außerordentliche Professur für Geographie an der Universität Gießen, die ihn aber langweilte; also setzte er seine Vortragsreisen fort. Im August 1868 lud ihn das Lowell Institute in Boston ein, zwölf Vorlesungen über Britisch-Indien zu halten. Danach reiste er monatelang durch Nordamerika, hielt Vorträge und studierte eifrig das amerikanische Eisenbahnwesen. Zurück in Europa, drängte es Robert, seine bisher in »zwei Weltteilen an 400 Orten« gehaltenen tausend Vorträge, kleinlich aufgelistet nach Ort, Datum, Anzahl der Zuhörer, Applaus, Honorar, als gedruckten Bericht im Selbstverlag zu veröffentlichen; auch ein Ausdruck von Geltungsbedürfnis.

Im Sommer 1880 reiste Robert noch einmal nach den USA, um neuen Stoff über den amerikanischen Westen zu sammeln. In San Francisco zog er sich eine Rippenfellentzündung zu, von der er sich nicht mehr erholte; er starb am 6. Juni 1885 in Gießen, erst 51 Jahre alt, ebenfalls unvermählt.

Bruder Emil war mit 19 Jahren noch zu jung gewesen, um an der Expedition seiner Brüder teilzunehmen. Er studierte Jura in Berlin und fungierte als Mittelsmann zwischen seinen reisenden Brüdern und dem preußischen König und Alexander von Humboldt. Schon während seiner Studienjahre beschäftigte er sich intensiv mit dem Buddhismus, lernte Tibetisch und machte sich einen Namen als Tibetologe mit dem Werk *Buddhism in Tibet*, das 1863 auf Englisch erschien. Nach der Rückkehr von Hermann und Robert schrieb Emil an seiner Doktorarbeit und half bei der Aufarbeitung der Sammlungen.

Nach dem Tod seiner Brüder fiel Emil (mittlerweile bayerischer Bezirksamtmann in Zweibrücken) als Universalerbe die Aufgabe zu, den reichen, aber auch belastenden Nachlass zu verwalten. Jahre später zwangen ihn finanzielle Sorgen, die Jägersburg und den Rest der Sammlungen zu verkaufen, eine mühsame Kleinarbeit, die ihn fast bis zu seinem Tod am 20. Oktober 1904 beschäftigte.

Hermann und Robert Schlagintweit hatten ihr ambitioniertes Werk, man kann auch sagen ihr Lebenswerk, unvollendet hinterlassen; sie hatten den Verlust ihres Bruders Adolph zu beklagen gehabt, der auf schreckliche Weise umgekommen war. Hermann hatte nach Jahren mühevoller Arbeit eine Reisebeschreibung im Umfang von fast 2000 Seiten vorgelegt, die doch eher einer nüchternen Stoffdarbietung gleichkam. Wirklich teilhaben an den vielfältigen Eindrücken von Landschaften und Menschen, von Flora und Fauna lässt er uns nicht; es sind die Aquarelle, besonders jene von Gebirgslandschaften, Flusstälern oder Salzseen, die unserer Vorstellungskraft zu Hilfe kommen. Gern hätten wir auch mehr Persönliches erfahren, über ihre Gefühle beispielsweise: Empfanden sie Genugtuung über den Höhenrekord am Abi Gamin? Wie groß war ihre Angst, in den verbotenen chinesischen Teil von Turkestan einzudringen? Haben sie das eine oder andere Mal um ihr Leben gebangt? Wie oft waren Anstrengung, Erschöpfung, Schmerz oder Verzweiflung unerträglich? Vieles lässt sich nur erahnen.

Hermann, Adolph und Robert waren gewiss nicht die heroischen Reisenden, die in unerschlossenen Gebieten, inmitten einer unbändigen Natur, geforscht hatten, als die sie in verschiedenen patriotischen Publikationen verherrlicht wurden. Aber sie leisteten im Bereich der geographischen Forschung achtenswerte Pionierarbeit. So waren sie die ersten Europäer, welche die Gebirgsketten des Karakorum und des nördlicher liegenden Kunlun nach Turkestan überquerten und feststellten, dass es sich dabei um zwei gänzlich verschiedene Gebirgssysteme handelte. Ferner erkannten sie erstmals, dass der Karakorum (nicht, wie früher angenommen, der Kunlun) großenteils die Wasserscheide zwischen Indus-Tal im Süden und Tarim-Becken im Norden bildet.

Im Sommer 1875 fand in Paris im Rahmen des internationalen Geographie-Kongresses eine vielbesuchte Ausstellung in den vom Feuer verschont gebliebenen Pavillons (nach dem Aufstand der

Pariser Kommune) im Palais des Tuileries statt. Unter den 843 Ausstellern aus 20 Staaten war auch das Deutsche Reich vertreten, und Hermann von Schlagintweit-Sakünlünski war einer der Teilnehmer. Er präsentierte »Ethnographische Köpfe« von »Racentypen« (die, wie er anmerkte, »besonders günstig beurteilt wurden«), Aquarelle, topographische Ansichten, Karten und Instrumente, wofür er mit der Goldmedaille I. Klasse prämiert wurde. In einem Bericht über die Ausstellung in *Petermanns Geographischen Mitteilungen* im 22. Band, 1876, wurde Hermann als einer der vier »größten Asien-Reisenden der Gegenwart« (neben Ferdinand von Richthofen, Nikolai A. Sewerzow und Hermann Vámbéry) gewürdigt.

Der Lauf der Geschichte war den Brüdern Schlagintweit nicht gewogen, sie gerieten in Vergessenheit. Dennoch sind sie aus der Wissenschaftsgeschichte des 19. Jahrhunderts nicht wegzudenken; allein ihre physische wie psychische Stärke, mit der sie alle Widrigkeiten ertrugen, verdient unseren Respekt.

QUELLENVERZEICHNIS

Schlagintweit Werke

Hermann und Adolph SCHLAGINTWEIT: *Untersuchungen über die physikalische Geographie der Alpen.* Leipzig 1850.
Neue Untersuchungen über die physikalische Geographie und Geologie der Alpen. Leipzig 1854.

Hermann, Adolphe and Robert de SCHLAGINTWEIT: *Results of a Scientific Mission to India and High Asia,* Leipzig & London, with an Atlas of Panoramas and Views;

Volume I (1861)

Part I: General Introductory Reports
- I. Adress to Sir Charles Wood, Secretary of State for India
- II. Itinerary
- A. Routes
- B. Establishment
- III. Last Journeys and Death of our Brother Adolphe
- IV. Transcription

Part II: Astronomical determinations of Latitudes and Longitudes, and

Part III: Magnetic Observations

Volume II (1862)

General Hypsometry

Part I: Method of Observation and Calculation
- II: Heights determined in India
- III: Heights determined in the Himalaya
- IV: Heights determined in Tibet
- V: General Hypsometrical Tableau of India and High Asia

Volume III (1863)

Route-Book of the Western Parts of the Himalaya, Tibet, and Central Asia and Geographical Glossary from the Languages of India and Tibet

Volume IV (1866)

Meteorology of India and Analysis of the Physical Conditions of India, the Himalaya, Western Tibet and Turkistan

Hermann von Schlagintweit-Sakünlünski:
Reisen in Indien und Hochasien. Eine Darstellung der Landschaft, der Cultur und Sitten der Bewohner, in Verbindung mit klimatischen und geologischen Verhältnissen. Jena;
Bd. 1 (1869) Indien.
Bd. 2 (1871) Hochasien: I. Der Himalaya von Bhutan bis Kashmir.
Bd. 3 (1872) Hochasien: II. Tibet; zwischen der Himalaya- und der Karakorum-Kette.
Bd. 4 (1880) Hochasien: III. Ost-Turkistan und Umgebung.

Briefe von unterwegs an den König von Preußen, in: *Zeitschrift für Allgemeine Erdkunde,*
Sechster Band, Berlin 1856.
Neue Folge, erster Band, Berlin 1856.
Neue Folge, zweiter Band, Berlin 1857.

Zu den Brüdern Schlagintweit

Moritz von Brescius: Cultural Brokers: Nain Singh und das Innenleben der Schlagintweit-Expeditionen in Asien, 1854–1858. In: *Jahrbuch für Europäische Überseegeschichte,* Bd. 17. Wiesbaden 2017, S. 115–159.
Moritz von Brescius, Friederike Kaiser, Stephanie Kleidt (Hg.): *Über den Himalaya. Die Expedition der Brüder Schlagintweit nach Indien und Zentralasien 1854 bis 1858.* Eine Publikation des Deutschen Alpenvereins. Köln/Weimar/Wien 2015.
Gabriel Finkelstein: »Conquerors of the Künlün«? The Schlagintweit Mission to High Asia, 1854–57. In: *History of Science Publications,* Volume XXXVIII, Cambridge/UK 2000, S. 179–218.
Wolfgang Friedl: Europäische Forscher und Reisende in den Berichten der Herrnhuter Mission – ein Überblick. In: Lydia Icke-Schwalbe und Gudrun Meier (Hg.): *Wissenschaftsgeschichte und gegenwärtige Forschungen in Nordwest-Indien.* Dresden 1990.
Dr. Otto Funke: *Bericht über die Schlagintweit'schen Reliefe des Monte-Rosa und der Gruppe der Zugspitze und des Wettersteines.* Leipzig 1855.
Sven Hedin: *Durch Asiens Wüsten.* Bd. 1, Leipzig 1899.
Wolfgang Heichel: *Adolph Schlagintweit. Ein Leben für die Wissenschaft.* Eigenverlag 2015.
Dietmar Henze: *Enzyklopädie der Entdecker und Erforscher der Erde.* Bd. 5. Graz 2004.

Wilhelm KICK: *Schlagintweits Vermessungsarbeiten am Nanga Parbat 1856*. München 1967.
Wilhelm KICK: *Forschungen am Nanga Parbat. Geschichte und Ergebnisse*. Beiträge und Materialien zur Regionalen Geographie, Heft 8. Berlin 1996.
Kladderadatsch. Humoristisch-satyrisches Wochenblatt; 9.8.1857, S. 37 und 8.11 1857, S. 206.
Claudius C. MÜLLER/Walter RAUNIG: *Der Weg zum Dach der Welt*. Innsbruck und Frankfurt/Main 1982.
SCHLAGINTWEIT: *Allgemeine Deutsche Biographie*, Bd. XXXI, Leipzig 1890, S. 336 ff.
Emil SCHLAGINTWEIT: *Bericht über das Denkmal für Adolph Schlagintweit in Kaschgar*. München 1890.
The Athenaeum, Journal of Literature, Science, and the Fine Arts, London; Nr. 1566, 31.10 1857, S. 1358 f.; Nr. 1580, 6.2.1858, S. 178 f.; Nr. 1764, 17.8.1861, S. 215 f.
Nachlass der Brüder Schlagintweit in der Bayerischen Staatsbibliothek: *Schlagintweitiana*, Signatur II 1–5, 37–38, 43 Manuskriptbände zur Asienreise; Signatur V 2–2.2 Vortragsmanuskripte von Robert von Schlagintweit (verzeichnet von Anne Büchler und Rolf Schumacher, Wiesbaden 1990).

Alexander von Humboldt

Hanno BECK: *Gespräche Alexander von Humboldts*. Berlin 1959.
Hanno BECK: *Alexander von Humboldt. Von der Bildungsreise zur Forschungsreise 1769–1804*, Bd. I. Wiesbaden 1959.
Hanno BECK: *Alexander von Humboldt. Vom Reisewerk zum ›Kosmos‹ 1804–1859*, Bd. II. Wiesbaden 1961.
Kurt-R. BIERMANN (Hg.): *Alexander von Humboldt. Vier Jahrzehnte Wissenschaftsförderung. Briefe an das preußische Kultusministerium 1818–1859*. Berlin 1985.
Kurt-R. BIERMANN (Hg.): *Alexander von Humboldt. Aus meinem Leben: Autobiographische Bekenntnisse*. München 1987.
Alexander v. HUMBOLDT: *Kleinere Schriften*. Stuttgart und Tübingen 1853.
Andrea WULF: *Alexander von Humboldt und die Erfindung der Natur*. München 2016.

Erforschung des Erdmagnetismus

John Cawood: *The Magnetic Crusade: Science and Politics in Early Victorian Britain.* Isis (The University of Chicago Press), Vol. 70, No. 4 (Dec. 1979).
Karin Reich: Alexander von Humboldt und Carl Friedrich Gauß als Wegbereiter der neuen Disziplin Erdmagnetismus. In: *Internationale Zeitschrift für Humboldt Studien*, HiN XII, 22 (2011).
Karin Reich, Eberhard Knobloch, Elena Roussanova: *Alexander von Humboldts Geniestreich. Hintergründe und Folgen seines Briefes an den Herzog von Sussex für die Erforschung des Erdmagnetismus.* Berlin/Heidelberg 2016.
William Whewell: *A History oft the Inductive Sciences.* Vol. III, Book XII. London 1847.

British East India Company

Peter Hopkirk: *The Great Game. On Secret Service in High Asia.* London 1990.
John Keay: *The Honourable Company: A History of the English East India Company.* New York 1991.
Michael Mann: Der ungeliebte Krieg: Compagnie des Indes und East India Company als Kombattanten in einem globalen Krieg, 1742–1763. In: Sven Externbrink (Hg.): *Der Siebenjährige Krieg (1756–1763): Ein europäischer Weltkrieg im Zeitalter der Aufklärung.* Berlin 2011.
Clements R. Markham: *A Memoir on the Indian Surveys.* London 1878.
Jürgen G. Nagel: *Abenteuer Fernhandel. Die Ostindienkompanien.* Darmstadt 2007.
Derek Waller: *The Pundits. British Exploration of Tibet and Central Asia.* Lexington (KY) 1990.

Alpinismus

Rainer Amstädter: *Der Alpinismus. Kultur – Organisation – Politik.* Wien 1996.
Daniel Anker und Marco Volken (Hg.): *Monte Rosa. Königin der Alpen.* Zürich 2009.

Johann Gottfried EBEL: *Anleitung, auf die nützlichste und genussvollste Art die Schweiz zu bereisen.* Zürich 1809 (1. Auflage 1793).
Hacquet's mineralogisch-botanische Lustreise von dem Berg Terglou in Krain, zu dem Berg Glokner in Tyrol, im Jahr 1779 und 81. Wien 1783.
Hacquet's neueste physikalisch-politische Reisen in den Jahren 1794 und 95 durch die Dacischen und Sarmatischen oder Nördlichen Karpathen. Vierter Teil. Nürnberg 1796.
Franz Joseph HUGI: *Naturhistorische Alpenreise.* Leipzig 1830.
Marianne KLEMUN: *Die Großglockner-Expeditionen 1799 und 1800.* Klagenfurt 2000.
Ralf-Peter MÄRTIN: *Nanga Parbat. Wahrheit und Wahn des Alpinismus.* Berlin 2002.
Anton von RUTHNER: Aus dem Hochgebirge. In: *Wiener Zeitschrift für Kunst, Literatur, Theater und Mode.* Nr. 172, 27.8.1844, S. 1369 f.
Horace-Bénédict de SAUSSURE: *Kurzer Bericht von einer Reise auf den Gipfel des Montblanc.* Strasburg 1788.
Martin SCHARFE: *Berg-Sucht. Eine Kulturgeschichte des frühen Alpinismus 1750–1850.* Wien/Köln/Weimar 2007.
Joseph August SCHULTES: *Reise auf den Glockner.* 4 Teile. Wien 1804. (Im 2. Teil auch das Tagebuch des Herrn Sigmund (!) von Hohenwart, geschrieben auf seiner Reise nach dem Glockner im Jahre 1800, S. 196 ff.)
Gertraud STEINER: *Gehlüste: Alpenreisen und Wanderkultur.* Salzburg/Wien 1995.
Leslie STEPHEN: *The Playground of Europe.* London 1871.
G. STUDER, M. ULRICH, J. J. WEILENMANN: *Berg- und Gletscher-Fahrten in den Hochalpen der Schweiz.* Erste Sammlung. Zürich 1859.
G. STUDER: *Ueber Eis und Schnee. Die höchsten Gipfel der Schweiz und die Geschichte ihrer Besteigung. II. Abteilung: Walliser-Alpen.* Bern 1870.
Tagebuch einer Reise auf den bis dahin unerstiegenen Berg Groß-Glokner im Jahre 1799. Besonderer Abdruck aus des Freyherrn von Moll Jahrbüchern der Berg- und Hüttenkunde. Salzburg 1800.
Ludwig Freiherr von WELDEN (Hg.): *Der Monte-Rosa. Eine topographische und naturhistorische Skizze.* Wien 1824.
Karl ZIAK: *Der Mensch und die Berge. Eine Weltgeschichte des Alpinismus.* Salzburg 1981.

Hochasien

Kurt BOECK: *Indische Gletscherfahrten. Reisen und Erlebnisse im Himalaja.* Stuttgart/Leipzig 1900.

Edward J. BUCK: *Simla. Past and Present.* Calcutta 1904.

Alexander CUNNINGHAM: *Ladák, Physical, Statistical and Historical; with Notices of the Surrounding Countries.* London 1854.

Günter Oskar DYHRENFURTH: *Der dritte Pol. Die Achttausender und ihre Trabanten.* München 1960.

Brian Houghton HODGSON: *Essays on the Languages, Literature and Religion of Nepal and Tibet.* London 1874.

Joseph Dalton HOOKER: *Himalayan Journals; or, Notes of a Naturalist in Bengal, the Sikkim and Nepal Himalayas, the Khasia Mountains, &c.* 2 Bde. London 1854.

Peter HOPKIRK: *The Great Game: On Secret Service in High Asia.* Oxford 2001.

Carl Freiherr von HÜGEL: *Kaschmir und das Reich der Siek.* 4 Bde. Stuttgart 1840–42.

John KEAY: *When Men and Mountains meet. The Explorers of the Western Himalayas. 1820–1875.* London 1981.

Kenneth MASON: *Abode of Snow. A History of Himalayan Exploration and Mountaineering from earliest Times to the Ascent of Everest.* London 1955.

William MOORCROFT: *Travels in the Himalayan Provinces of Hindustan and the Panjab; in Ladakh and Kashmir.* 2 Vol. London 1841.

Carl RITTER: *Die Erdkunde von Asien*, 2. Bd., IV. Abschnitt, § 62. Berlin 1833 (S. 536).

DER SPIEGEL Nr. 17/1978 (Tödliches Erbe, S. 171ff).

Thomas THOMSON: *Western Himalaya and Tibet; A Narrative of a Journey through the Mountains of Northern India, during the Years 1847–8.* London 1852.

Godfrey Thomas VIGNE: *Travels in Kashmir, Ladak, Iskardo, and the Himalaya, North of the Panjab.* 2 Vol. London 1842.

Sonstige

Dokumente einer Freundschaft: Briefwechsel zwischen Hermann von Helmholtz und Emil du Bois-Reymond 1846–1894, Teil 1, Brief Nr. 29 (an Helmholtz) vom 9.2.1852. Berlin 1986.

Dr. C. F. SCHNEITLER: *Die Instrumente und Werkzeuge der höheren und niederen Meßkunst sowie der geometrischen Zeichenkunst.* Leipzig 1852.